Nützliche Informationen finden
im WWW

Ralf de Günther
Andreas Boll

Nützliche Informationen finden

im WWW

SYBEX

FH-FBSV

Fast alle Hard- und Software-Bezeichnungen, die in diesem Buch erwähnt werden, sind gleichzeitig auch eingetragene Warenzeichen und sollten als solche betrachtet werden. Der Verlag folgt bei den Produktbezeichnungen im Wesentlichen den Schreibweisen der Hersteller.

Der Verlag hat alle Sorgfalt walten lassen, um vollständige und akkurate Informationen in diesem Buch bzw. Programm und anderen evtl. beiliegenden Informationsträgern zu publizieren. SYBEX-Verlag GmbH, Düsseldorf, übernimmt weder die Garantie noch die juristische Verantwortung oder irgendeine Haftung für die Nutzung dieser Informationen, für deren Wirtschaftlichkeit oder fehlerfreie Funktion für einen bestimmten Zweck. Ferner kann der Verlag für Schäden, die auf eine Fehlfunktion von Programmen, Schaltplänen o.Ä. zurückzuführen sind, nicht haftbar gemacht werden, auch nicht für die Verletzung von Patent- und anderen Rechten Dritter, die daraus resultiert.

Herausgeber: Landesverband der VHS von NRW e.V. Udo Schneidereit
Projektmanagerin: Petra Fecke
Lektorat: Alexander Lohmann
Endkontrolle: Mathias Kaiser Redaktionsbüro, Düsseldorf
DTP: Typographie & Computer, Jörg Gitzelmann, Krefeld
Umschlaggestaltung: Guido Krüsselsberg, Düsseldorf
Farbreproduktionen: Fischer GmbH, Willich
Belichtung, Druck und buchbinderische Verarbeitung: LegoPrint S. p. A., Lavis (Italien)

ISBN 3-8155-4403-3
1. Auflage 2002

Inhaltsverzeichnis

Vorwort des Herausgebers

Endlich Zeit – Seit letzter Woche steht ein nagelneuer Computer im Wohnzimmer und nun will ich's wissen.

Heinz A., Rentner, 70 Jahre alt

Heinz A. ist einer von vielen Interessenten, die sich bei den Volkshochschulen erkundigen, ob es dort für ältere Menschen geeignete Computerkurse gibt, die ihm nun weiterhelfen können.

Ich kann diese Frage nicht nur einfach bejahen, ich kann ihm sogar sagen, dass derzeit geradezu ein Boom an Kursen entstanden ist, die sich speziell an ältere Personen wenden.

Ausgewählte Kursleiterinnen und Kursleiter sorgen dafür, dass diese Kurse kein Fachchinesisch, sondern das notwendige Know-how zur Bearbeitung ganz spezieller Nutzungsmöglichkeiten des Computers für verschiedenste Interessen bieten.

Und es kommt noch besser: Drei von Kursleitern geschriebene Fachbücher wurden bereits im letzten Jahr im Rahmen einer Bildungskampagne des Landesverbandes der Volkshochschulen Nordrhein-Westfalen in Verbindung mit dem SYBEX-Verlag erfolgreich in Volkshochschul-Kursen eingesetzt: *Den Computer entdecken, Internet und E-Mail erkunden* und *Briefe und Einladungen schreiben* hießen die ersten Titel rund um das Betriebssystem Windows, die Textverarbeitung Word und die unzähligen Möglichkeiten des Internets.

Die neuen Bücher beschäftigen sich nun mit weiteren Themen, die Sie beim Umgang mit dem PC sicher brennend interessieren: In *Scannen und Drucken* lernen Sie Schritt für Schritt, Ihren Scanner zu bedienen, Bilder am PC zu verschönern und sie nach Ihren Wünschen auszudrucken. Oder wollten Sie schon immer *Dateien, Musik und Videos auf CD brennen*? In diesem Buch erfahren Sie, wie es geht! *Nützliche Informationen finden im WWW* zeigt Ihnen zu guter Letzt, wie Sie nach den ersten Schritten im Internet nun gezielt Informationen finden, eine Reise planen oder im Netz der unbegrenzten Möglichkeiten einkaufen gehen.

Die Autoren sind erfahren in der Unterrichtung älterer Menschen zur Nutzung und Handhabung des Computers. Die Titel vermeiden das weit verbreitete Fachchinesisch der im Buchhandel erhältlichen allgemeinen EDV-Fachbücher soweit es geht. Vergessen Sie komplexe Programmbeschreibungen und detailverliebte Darstellungen und freuen Sie sich auf die klare Struktur der neuen SYBEX-Bücher.

Elemente des Buches

Jedes Buch ist klar gegliedert in Kapitel, die eingeleitet sind durch eine *Los geht's-Seite*. Dort erhalten Sie eine kurze Übersicht, welche Themen Ihnen im aktuellen Kapitel erklärt werden. Zum Schluss wird dann alles auf einer Seite *Zur Erinnerung* zusammengefasst.

Weitere Elemente dieser Bücher werden Sie mit wertvollen Informationen bei Ihrer Arbeit unterstützen:

Hier werden Sie immer wieder darauf hingewiesen, wie Sie möglichen Gefahren beim Umgang mit Ihrem Computer aus dem Weg gehen können.

Und gelegentlich erhalten Sie auch einen Rat, was besonders wichtig für Sie bei der Arbeit mit Ihrem PC ist.

1 Die Schritt-für-Schritt-Anleitungen helfen Ihnen dabei, einige Arbeitsvorgänge genau durchzugehen.

2 Und zusätzlich finden Sie im Text eine ganze Reihe von Abbildungen, die Ihnen erleichtern, bestimmte Arbeitsschritte nachzuvollziehen.

Glossar

Am Ende jedes Buches finden Sie ein kleines Glossar, das Ihnen ein schnelles Nachschlagen neuer Begriffe ermöglicht.

Insgesamt werden Sie sicherlich mit großer Motivation ans Werk gehen, da unsere Autoren sich liebevoll um Ihr Wohlbefinden beim Lernen kümmern.

Ich wünsche Ihnen jedenfalls viel Spaß beim Lernen und drücke die Daumen, dass Sie dann auch mitreden können, wenn Ihre Enkelkinder Ihnen wieder die Fachbegriffe rund um den Computer „um die Ohren hauen".

Ihr Udo Schneidereit (Hrsg.)
Landesverband der VHS von NRW e.V.
Heiliger Weg 7–9
44135 Dortmund

Vorwort der Autoren

„ALLES!"

Fragen Sie, wen Sie wollen, liebe Leserin, lieber Leser: Wenn Sie wissen wollen, was man im Internet finden kann, dann wird die Antwort immer lauten: „Im Internet findest du alles! Ob aktuelle Informationen aus hundert Blickwinkeln, Konsum-Artikel von Dutzenden Anbietern, neue Freunde oder verloren geglaubte Bekannte – einfach *alles*!" Das ist schon richtig, es gibt nur eine kleine Einschränkung: Man muss wissen, wo es steht. Und zuallererst muss man wissen, wie man die gewünschten Informationen suchen soll!

Die Lösung für dieses kleine Problem halten Sie in den Händen.

Sie haben bereits Ihre ersten Erfahrungen im Internet gemacht und sich schon ein bisschen umgeschaut in der neuen, digitalen Welt ... Nur, was jetzt? Wie kommen Sie zu weiteren spannenden Seiten, und wie werden Ihre Fragen beantwortet? Das Internet bieten Ihnen so viele Möglichkeiten, gerade auch für Senioren. Lassen Sie sich nicht von diesem jungen Medium abschrecken.

Wir zwei, die Autoren dieses Buches, leiten seit Jahren Internet-kurse für Seniorinnen und Senioren. In jedem unserer Kurse erleben wir die Entdeckerfreude und die Begeisterung unter „unseren" Teilnehmern, wenn wir gezeigt haben, was im Internet zu finden ist und nach wie kurzer Zeit das jeder kann.

In diesem Buch werden Sie das Gleiche erleben, wie die Teilnehmer dieser Kurse: Sie werden eine Reise nach Wien planen, und Sie werden im Internet einkaufen gehen. Sie werden in wenigen Sekunden die Millionen-Frage von Günther Jauch lösen und vieles mehr. Und am Ende werden Sie all diese und neue Aufgaben selbstständig lösen können.

Wir sind sicher, dass Sie von den Informationen, von den Tricks und Kniffen dieses Buches ebenso profitieren werden wie die Teilnehmer unserer Senioren-Kurse.

Nur direkt mit Ihnen Ihre Reise in die faszinierende Welt des Internets erleben, das können wir leider nicht. Vielleicht erzählen Sie uns später davon. Mit Hilfe dieses Buches werden Sie auch uns finden ...

Ansonsten sehen Sie im Anhang nach ;-)

Ralf de Günther & Andreas Boll

P.S.: Noch ein kleiner Rat zu Beginn: Stellen Sie sich eine Uhr neben den Monitor, Sie werden sonst viele Termine verpassen; das Internet wird auch Sie nicht mehr loslassen!

Im Internet finden Sie alles!

Los geht's

➪ In diesem Kapitel erfahren Sie, was Sie alles im Internet finden können.

➪ Sie lernen, wer die Anbieter von Informationen im Internet sind.

➪ Warum stellt jemand Informationen ins Internet?

➪ Wie können Sie Ihren Nutzen aus den vielfältigen Angeboten in der großen Welt des Internets ziehen?

Wer stellt welche Informationen in welcher Form ins Netz?

Von Ihren ersten Ausflügen ins World Wide Web (WWW, sprich: *world waid webb*) wissen Sie, dass Sie dort Informationen finden können, die von anderen Menschen bereitgestellt wurden.

Die Gründe, Informationen ins WWW zu stellen, können sehr unterschiedlich sein. Während in den Ursprungszeiten des Internets vor allem frei zugängliche wissenschaftliche Veröffentlichungen zur Verfügung gestellt wurden, überwiegen heute kommerzielle Angebote.

Das heißt nicht, dass die Anbieter auf solchen Seiten nur Werbung platzieren: Oft finden sich hier wertvolle Informationen oder andere nützliche Inhalte, die den Besuch der Seite für den Kunden interessant machen.

Ein Beispiel: Sie kennen alle die lila Kuh aus der Fernseh- und Zeitschriftenwerbung und können damit auch die zugehörige Firma verbinden. Verglichen mit Anzeigen und Werbespots ist der Informationsgehalt und Unterhaltungswert der zugehörigen Internetseite wesentlich höher.

Unter *www.milka.de* bekommen Sie keine Schokolade, dafür aber Informationen und Unterhaltung rund um das Produkt.

Wenn Sie die Beispiele zu Hause nachvollziehen, dann werden Sie eventuell andere Bilder erhalten. Erstens haben Sie vielleicht andere Softwareversionen, zweitens können sich aber auch die Internetseiten in der Zwischenzeit geändert haben.

RAT

Die Milka-Seite bietet multimediale Inhalte (bewegte Bilder und Klangeffekte). Zudem kann der Besucher einen Bildschirmschoner herunterladen: Ein solcher Bildschirmschoner unterhält Sie immer dann an Ihrem Computer, wenn Sie einige Minuten weder die Maus noch die Tastatur benutzen. Außerdem haben Sie die Möglichkeit, eine virtuelle lila Kuh zu adoptieren – und mit solchen Angeboten gelingt es der Firma Kraft-Suchard, mehr Surfer auf ihre Seite zu locken. Während der Nutzung des unterhaltenden Teils der Internetseite erfahren die Besucher nebenbei einiges über die Produkte.

Wenn Sie sich nicht eine Tafel Schokolade, sondern einen Pkw kaufen wollen, dann werden Sie dazu Informationen suchen. Die erste Anlaufstelle sollte dabei immer die Seite des Herstellers sein. Als typisches Beispiel sehen Sie hier die Startseite (englisch Home-page, sprich: *houmpäidsch*) der Firma BMW.

Diese Adresse ist leicht zu erraten: Unter *www.bmw.de* finden Sie den Autohersteller BMW.

Neben den eigenen Seiten der Firmen gibt es auch Informations-anbieter, die interessante Fakten sammeln und zur Verfügung stellen. Während der Nutzen für den Surfer in der Vielzahl der Informationen steckt, liegt der Gewinn für den Anbieter bei Ein-nahmen durch Werbung. So finanziert sich das Internet ähnlich wie private Fernsehsender und Zeitschriften in großen Teilen über die Werbung.

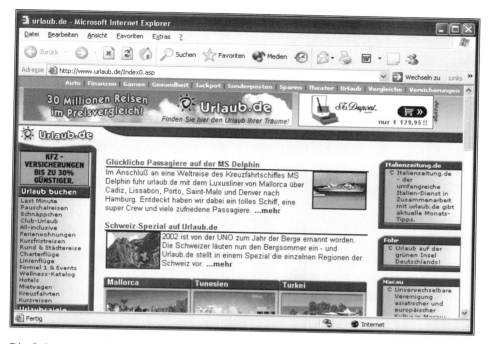

Die Seite *www.urlaub.de* finanziert sich durch Werbung.

Das häufigste Format der Werbung im Internet sind rechteckige Werbeflächen. Diese werden als *Banner* bezeichnet. Wenn Sie auf ein solches Banner klicken, werden Sie auf die Seite der werbenden Firma geleitet. Sollte Ihnen dies aus Versehen passiert sein, können Sie über die Standardschaltfläche *Zurück* (oben links in Ihrem Browser-Fenster) zurück zur Ursprungsseite gelangen. Häufig öffnet ein Werbebanner aber eine neue Seite, auf der die Standardschaltfläche deaktiviert ist. In diesem Fall schließen Sie die neue Seite durch den gewohnten Klick auf ⊠ bzw. ⊠. Je nach Version Ihres Betriebssystem haben Sie noch ein graues Kreuz oder es ist bei Ihnen bereits mit Rot hinterlegt.

Einige Banner sehen aus wie Meldungen des Betriebssystems. Sie können die angezeigten Schaltflächen aber nicht zum Schließen nutzen, sondern werden gerade durch dieses Klicken auf die Werbeseite geführt. Sie müssen diese Werbung genauso ertragen wie in einer Zeitschrift.

ACHTUNG

Werbebanner für Krankenversicherungen – mit „falschen" Betriebssystem-Symbolen!

Ihre Kosten für die Nutzung des Internets beschränken sich auf die Gebühren, die Sie ihrem Internetanbieter bzw. ihrer Telefongesellschaft zahlen.

Neben kommerziellen Angeboten werden Sie viele private Internetseiten entdecken. Menschen stellen dort ihre Familien vor, berichten von ihren Hobbys, werben für gemeinnützige Vereine oder ähnliches. Zum besonderen Charme des Internets gehört es, dass viele Themengebiete auf diesen privaten Seiten zwar aus persönlicher Sicht, aber durchaus fundiert dargestellt werden. Zu den beliebtesten Themen zählen Reiseberichte. Sie sind eine gute Gelegenheit, sich unabhängig von Reiseveranstaltern auf ein Urlaubsziel vorzubereiten. Auf privaten Seiten berichten deren Autoren häufig über ihre Reiseerfahrungen, wie hier zur griechischen Inseln Santorin.

Die private Seite *http://www.kalliste.de/thera/santorin.htm*

Dies ist nur eine kleine Auswahl von Anbietergruppen im WWW, die für Ihre Recherchen im Internet von besonderer Bedeutung sein werden. Ein weiterer Anbieter ist die Gruppe der Universitäten, die aufgrund ihrer langen Erfahrung mit dem Medium eine wichtige Säule der Internetkultur darstellen. Viele Entwicklungen kamen und kommen heute noch von den Mitarbeitern und Studenten der Hochschulen.

Die Fülle der Informationen im Internet ist nahezu grenzenlos. Dieses Buch wird Ihnen dabei helfen, die für Sie interessanten Angebote herauszufiltern.

Das World Wide Web (WWW) ist nur einer der Dienste, die im Internet genutzt werden können. Alle Dienste zusammen (WWW, E-Mail und viele andere) bilden zusammen das Internet. Häufig wird mit dem Begriff Internet nur der Dienst WWW bezeichnet.

RAT

Weitere Informationen zu den Grundlagen finden Sie im Buch *Internet und E-Mail erkunden – Computerbuch für Senioren* von Andreas Greiwing aus der gleichen Reihe des SYBEX-Verlags.

Hier finden Sie allgemeine Informationen zum Internet.

RAT

Wie kommen Sie ins Internet? Weshalb sehen manche Beispiele bei Ihnen anders aus als im Buch? Wenn Sie Ihre grundlegenden Kenntnisse auffrischen wollen, müssen Sie nicht gleich ein anderes Buch aus dem Regal holen: Im Kapitel: *Kann mein Computer das auch?* finden Sie die wichtigsten Voraussetzungen im Überblick.

Zur Erinnerung

⇨ Die Anbieter haben die verschiedensten Gründe, Ihnen etwas im Internet zu präsentieren.

⇨ Nutzen Sie die vielfältigen Möglichkeiten, die Ihnen dadurch zur Verfügung stehen.

⇨ Bedenken Sie aber immer die Intention der Anbieter, damit Sie für sich den Informations- und Wahrheitsgehalt einschätzen können.

Warum suchen und nicht raten?

Los geht's

⇨ In diesem Kapitel erfahren Sie etwas über die scheinbar chaotische Struktur des WWW (World Wide Web) ...

⇨ ... und die Gründe für dieses Chaos.

⇨ Mit den entsprechenden Kenntnissen können Sie sich trotzdem zurechtfinden.

⇨ Sie lernen, wie Ihnen Raten beim Finden im Internet helfen kann.

⇨ Sie werden aber auch die Grenzen dieser Methode erkennen.

Warum überhaupt suchen?

Der Einstieg ins Internet fällt auch Computer-Anfängern recht leicht. Die meisten nutzen dabei eine Anleitung in Form eines Buches oder – noch besser – wagen die ersten Schritte ins Internet in einem VHS-Kurs. Wenn dann aber die vorgegebenen Beispielseiten im Internet besucht wurden und das Internet für die eigenständige Suche nach Informationen genutzt werden soll, kann dies schon sehr frustrierend sein. Das Internet war nie auf eine benutzerfreundliche Suche ausgerichtet, sein Aufbau ist vielmehr historisch gewachsen. Die Entwicklungen zielten auf technische Fortschritte. Daher ist das Netz heute eine riesige Sammlung von Informationen, die auf den ersten Blick sehr chaotisch und unstrukturiert abgelegt sind.

Einige Gründe für die Unübersichtlichkeit des Netzes seien hier kurz aufgezählt:

↪ fehlende zentrale Steuerung

Das Internet hat keine zentrale Steuerung. Es reguliert sich selbst bzw. durch seine Nutzer. Es gibt zwar offizielle Normen und Regeln, diese beziehen sich aber nur auf die technische Seite des Internets. Für den inhaltlichen Aspekt gibt es keine zentrale Koordination, daher gibt es die unterschiedlichsten Anbieter im Netz. Zum Teil bieten verschiedene Anbieter ähnliche Informationen an.

↪ Veränderungsgeschwindigkeit

Jeder Anbieter bestimmt selbst, welche Information er wann ins Netz stellt, wie lange er sie dort lässt und wann er sie wieder löscht. Diese Änderungen können sich im Minutentakt vollziehen. Daher kommt es immer mal wieder vor, dass eine Internetadresse, die letzte Woche noch interessant war, heute völlig andere Inhalte zeigt oder sogar ins Leere führt.

Normalerweise müssen Sie sich Internetseiten nicht ausdrucken. Wenn Sie die Seite aber auf jeden Fall für später benötigen, dann drucken Sie sie trotzdem. Sie können nie sicher sein, ob ein konkreter Inhalt auch noch beim nächsten Besuch an gleicher Stelle zu finden ist!

RAT

⇨ Anbietervielfalt

Sie finden nahezu jede Information im WWW: Wie viel und was Sie finden, hängt davon ab, ob es jemanden gibt, der Zeit, Geld und Lust hat, diese Informationen auch ins Netz zu stellen.

⇨ Aktualität

Da die zentrale Kontrolle fehlt, überprüft auch niemand die Gültigkeit der Informationen im WWW. Sie können daher bei Ihrer Suche auch auf veraltete Daten und Fakten treffen. Wenn hinter der Seite eine große Firma steht, werden die Informationen darauf zumeist regelmäßig überarbeitet. Private Seiten dagegen werden wegen des damit verbundenen Aufwandes nicht immer auf dem aktuellen Stand gehalten.

⇨ Richtigkeit der Angaben

Jede Information kann im Internet veröffentlicht werden. Dabei ist es egal, ob sie richtig oder falsch ist. Genauso wenig gibt es eine moralische Instanz, die die Inhalte überwachen könnte. Hier muss ähnliche Vorsicht gelten wie beim Thema Aktualität.

⇨ Größe

Nach aktuellen Schätzungen gibt es zurzeit ca. eine Milliarde Internetseiten, das ergibt immerhin eine Zahl mit neun Nullen (1.000.000.000). Diese riesige Fülle und die ständige Veränderung haben zur Folge, dass jeder Versuch scheitern muss, ein komplettes Verzeichnis des Internets etwa in Form eines Telefon- oder Adressbuches zu erstellen.

RAT

Ein komplettes Verzeichnis wird es nie geben, aber zumindest Teile des Internets sind in Katalogen zusammengefasst. Im nächsten Kapitel erfahren Sie mehr.

Suchvorbereitung

Sie können sich beim Surfen natürlich einfach treiben lassen. Das wäre aber vergleichbar mit einem Besuch in einer Bibliothek, „um mal nach Büchern zu schauen".

Für eine gezielte Suche sollten Sie sich schon vorher Gedanken machen, was Sie genau finden möchten. Notieren Sie kurz, welche Aspekte eines Themas Sie besonders interessieren, und überlegen Sie dann, wie Sie diese Informationen finden können.

In den nun folgenden Erläuterungen bekommen Sie immer zuerst die Suchstrategie erklärt und sehen anschließend ein Beispiel dazu.

Sie werden eine Kurzreise in die schöne Stadt Wien planen. Dazu benötigen Sie noch die unterschiedlichsten Informationen:

⇨ Welche Anreisemöglichkeiten gibt es?

⇨ Welche Unterkunft, die Ihnen gefallen könnte, wird angeboten?

⇨ Welche Sehenswürdigkeiten sind lohnenswert und werden nicht gerade renoviert?

⇨ Wo können Sie wann mit einem Fiaker fahren?

⇨ Welche Veranstaltungen gibt es während Ihrer Besuchszeit?

⇨ Was bietet die regionale Küche?

⇨ usw.

> Alle hier vorgestellten Beispiele werden Sie weiter hinten im Buch auch als Schritt-für-Schritt-Anleitungen finden. Sie erhalten hier zuerst die Informationen, die Sie brauchen, um später die Beispiele selbst nachvollziehen zu können.

RAT

Suchmethode 1: Adressen-Raten

Jede Seite im WWW, die Sie aufrufen, hat eine Adresse. Entweder geben Sie die Adresse direkt in der Adresszeile des Browsers (z. B. Internet Explorer) ein oder der Klick auf einen Link hat Sie dorthin geführt. Ein Link ist ein Verweis auf einer beliebigen Internetseite, der Sie zur nächsten Seite führt, indem Sie ihn anklicken. Die aktuelle Adresse sehen Sie immer in der Adresszeile.

Die Adresszeile im Internet Explorer

Die Adressen können sehr unterschiedlich aussehen, sie haben aber immer die gleiche Struktur. Manchmal finden Sie so einfache Adressen wie in der Abbildung, manchmal sieht die Adresse auch viel komplizierter aus.

Die Adresszeile mit einer komplizierten Adresse

Die gemeinsame Grundstruktur können Sie nutzen für die erste Form des Suchens: Das „Adressen-Raten"!

Nahezu alle Internetadressen fangen mit den Buchstaben „www" an als Abkürzung für das World Wide Web. Mit einem Punkt getrennt folgt der Name einer Firma, einer Stadt oder einfach das gesuchte Thema. Abgeschlossen wird die Adresse mit der so genannten Top-Level-Domain bzw. Länderkennung. Diese gibt an, in welchem Land bzw. bei welcher Art von Organisation Sie suchen wollen.

Die Adresse des Buchverlages ist eine solche typische Internetadresse: *www.sybex.de*

Neben der Länderkennung für Deutschland gibt es noch andere, die für die Suche interessant sein können.

Länderkennungen	Bedeutung
.de	Alle in Deutschland verwalteten Internetseiten benutzen diese Länderkennung.
.at	Diese Buchstabenfolge steht für Österreich (Austria)
.ch	Schweiz
.uk	Großbritannien (United Kingdom)
.fr	Frankreich (France)
.es	Spanien (Espana)

Länderabhängige Internet-Adressendungen

Das Internet war am Anfang seiner Entwicklung eine rein amerikanische Angelegenheit. Deshalb gibt es keine Kennung „us" (United States). Amerikanische Seiten werden daher nach Inhalten sortiert. Dies haben auch viele internationale Firmen oder Organisationen übernommen. Hier einige Beispiele:

Bezeichnung	Bedeutung
.com	steht für kommerziell; die meisten Firmen finden sich in diesem Bereich, auch englischsprachige Seiten deutscher Firmen (engl. commercial)
.edu	Erziehung (engl. education)
.gov	Regierungen (engl. government)
.net	Seiten, die sich mit dem Internet selbst beschäftigen, sind hier versammelt
.org	Organisationen, die nicht zu den oben genannten gehören, benutzen diese Domäne

In den USA verwaltete Endungen für unterschiedliche Inhalte

Für Ihre Suche ist der Wert „de" von besonderer Bedeutung. Wer der englischen Sprache mächtig ist, kann die Informationsvielfalt vergrößern, da die wichtigste Sprache im Internet immer noch Englisch ist.

Den Mittelteil der Adresse kann der Anbieter frei wählen. Firmen nehmen hier ihren Firmennamen, Städte nutzen den Stadtnamen und wer Informationen zu einem Thema anbieten möchte, tut dies mit einem Begriff, der dem Thema möglichst nahe kommt. Privatpersonen nutzen häufig eine Kombination aus Vor- und Nachnamen. Zudem hat jeder auch die Möglichkeit, sich Fantasienamen auszudenken.

Einige Beispiele für Adressen:

www.volkswagen.de

Jede größere deutsche Firma ist unter einer Adresse mit diesem Aufbau im Internet vertreten.

www.wuppertal.de

Auch Ihre Stadt werden Sie in dieser Form finden und dort das Angebot der Stadtverwaltung studieren können.

www.gesundheit.de

Sie müssen sich auf der Internetseite sehr genau anschauen, welcher Anbieter Sie hier zum Thema Gesundheit informieren möchte. Nicht immer ist der erste Treffer mit einem guten Anbieter verbunden. Die gesuchten Informationen finden sich vielleicht unter einer ganz anderen Adresse.

Anwendung der Suchmethode „Adressen-Raten" auf Wien

Wenn Sie nun Informationen zum vorliegenden Beispiel Wien suchen, beginnen Sie auch mit der Methode des Adressen-Ratens. Die Adresse soll mit „www" beginnen, und da Sie nach deutschen Seiten suchen, wird sie mit „de" enden. Dazwischen setzen Sie einfach den gewünschten Suchbegriff. Als Adresse ergibt sich: *www.wien.de*

RAT

Internetadressen werden immer kleingeschrieben. Selbst wenn Sie in einer Werbung oder an anderer Stelle Großbuchstaben finden, brauchen Sie diese nicht als solche zu tippen. Sie dienen dann häufig nur der besseren Lesbarkeit.

Wenn Sie diese Adresse in die Adresszeile des Internet Explorers eingeben und anschließend auf Enter oder ← drücken, erhalten Sie folgendes Ergebnis:

Unter *www.wien.de* finden Sie ... nichts!

Leider hat Ihre erste Suche keinen Treffer ergeben. Unter der eingegebenen Adresse findet sich nur eine weiße Seite mit dem Text „under construction" (engl. für „im Aufbau"). Nun suchen Sie zwar eine deutschsprachige Seite über Wien, diese muss aber nicht zwangsläufig in Deutschland registriert sein. Probieren Sie nun die österreichische Adresse und ersetzen Sie die Länderkennung „de" durch „at" für Österreich: *www.wien.at*.

Über *www.wien.at* erreichen Sie die Internetpräsenz der Stadt Wien.

Jetzt haben Sie einen Treffer gelandet und sind auf der Startseite der Stadt Wien. Von hier aus haben Sie viele Möglichkeiten, die zu wichtigen und interessanten Informationen und Einsichten führen können:

Ausschnitte der Seite *www.wien.at*

Ohne großen Aufwand ist die erste Internetseite gefunden. Das erste Erfolgserlebnis kommt manchmal schneller als gedacht.

Diese Suchform des Ratens hilft Ihnen immer dann, wenn Sie keine speziellen Informationen, sondern eher allgemeine Themen suchen. Häufig finden Sie einen Startpunkt, der nicht sofort die gewünschten Informationen bringt, Sie aber weiterführt und auf einer der weiteren Seiten zum Ergebnis bringt.

Auf diese Art können Sie allerdings nur einen geringen Teil der verfügbaren Internetseiten aufstöbern. Weitere Suchmethoden finden Sie im nächsten Kapitel.

Zur Erinnerung

⇨ Es gibt Wege durch das Chaos des WWW, und Sie haben gerade den ersten kennen gelernt.

⇨ Wer die Struktur des Internets verstanden hat, glättet das Chaos. Dazu gehört:

⇨ Die meisten Adressen haben die gleiche Form: „www.name.de", nur der Name ist immer wieder anders.

⇨ Adressen-Raten ist keine Schande und führt häufig zum Ziel.

Und es gibt doch Adressbücher für das Internet

Los geht's

➯ Adressbücher heißen im Internet „Kataloge" bzw. „Verzeichnisse".

➯ Kein Adressbuch erhebt Anspruch auf Vollständigkeit.

➯ Redakteure nehmen Ihnen viel Arbeit ab, sie füllen die Adressbücher und sortieren die Einträge.

➯ Sie werden lernen, die Arbeit der Redakteure von web.de für sich zu nutzen.

➯ Wer die richtigen Fragen stellt, bekommt auch die passenden Antworten.

Suchmethode 2a: Suche in Internetkatalogen nach Themen

Die nächste Suchform beschäftigt sich mit den so genannten Webkatalogen. Dies sind thematische Verzeichnisse, die Adressen und Kurzbeschreibungen der Internetseiten in einem Katalog zusammenfassen.

RAT

Mit „Katalog" ist nicht der auf Papier gedruckte Katalog gemeint, sondern sein Gegenstück im Internet. Es gibt allerdings auch Zeitschriften und Bücher, die Sie mit Internetadressen versorgen: Im Buch *Das neue Adressbuch Internet – für Alle* aus dem SYBEX-Verlag finden Sie 600 Stück!

Der große Vorteil dieser Angebote liegt darin, dass Sie nicht mehr selbst die interessantesten Seiten zum Thema herausfinden müssen: Die hier vorgestellten Kataloge werden alle von Redakteuren betreut, die neue Internetseiten auf ihren Inhalt untersuchen und dann bei Bedarf in die passende Kategorie einsortieren. Daraus ergeben sich aber auch Nachteile: Die Einsortierung in eine Kategorie ist nicht immer eindeutig und kann daher auch zu unerwünschten Ergebnissen führen. Außerdem ist die Einschätzung der Redakteure immer subjektiv und muss mit Ihrer nicht übereinstimmen.

Der Weg durch einen Katalog führt durch das „hierarchische System": Hier sind jeweils verschiedene Unterbegriffe einem Oberbegriff untergeordnet. Sie suchen sich die Hauptkategorie aus, die zu Ihrem Thema passt, wählen anschließend die Unterkategorien, bis Sie zur Anzeige der gewünschten Ergebnisse kommen.

Bei den Katalogen gibt es diverse kommerzielle Anbieter, die sich alle hauptsächlich über Werbung auf den Seiten finanzieren. Für Sie als Nutzer ist der Dienst kostenlos. Die wichtigsten deutschsprachigen Anbieter der Kataloge finden Sie im Anhang.

Mit dem Webkatalog nach Wien

Der deutschsprachige Katalog *www.web.de* hat zurzeit über 450.000 Internetseiten in über 36.600 Themengebieten in seinem Verzeichnis (Stand: Juli 2002). Anhand des Beispiels Wien sehen Sie sich jetzt den Katalog einmal genauer an.

Auch dieses Beispiel werden Sie weiter hinten im Buch noch mal als Schritt-für-Schritt-Anleitung finden. Sie können es daher später im Detail nachvollziehen.

RAT

Der Anbieter *www.web.de* bietet neben dem Verzeichnis noch andere Dienste an (u.a. Vergabe von E-Mail-Adressen, Versenden von Faxen etc.). Daher müssen Sie auf der Startseite auf *Verzeichnis* klicken und landen dann bei dieser Übersicht:

Der Webkatalog von web.de

RAT

Sollte sich auf einer Internetseite, die Sie hier abgedruckt sehen, Werbung befinden, ist diese unkenntlich gemacht worden. Wir wollen schließlich keine kostenlose Reklame machen.

Mit Hilfe der Bildlaufleiste finden Sie die Hauptkategorie *Städte und Regionen* und können diese anklicken. Die Auswahl verkleinert sich auf nur noch gut 12.000 Einträge.

Die Unterkategorien der Hauptkategorie *Städte & Regionen*

Auf der Suche nach der Stadt Wien klicken Sie die Kategorie *Orte A-Z* an und finden unter dem blau hinterlegten Buchstaben *W* immer noch 642 Städte.

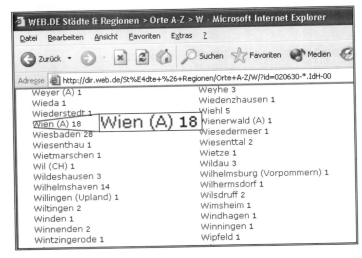

Ausschnitt aller im Katalog verzeichneten Städte mit „W"

Hinter Wien steht bereits die Anzahl der nun folgenden Treffer. Die Nutzung des Links *Wien (A)* zeigt Ihnen die 18 Seiten, die laut web.de für diese Stadt sinnvoll sind. Sie haben nun 18 Anbieter mit all ihren Seiten zur Auswahl, in denen Sie nach Herzenslust schmökern können und weitere Informationen zu Wien finden.

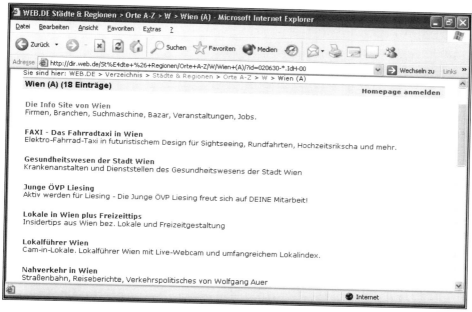

Ergebnis der Suche nach Wien im Verzeichnis von *www.web.de*

Suchmethode 2b: Suche in Internetkatalogen nach Stichwörtern

Da es aber auch in anderen Kategorien Informationen zu Wien geben kann, gibt es noch eine weitere Möglichkeit, mit den Verzeichnissen zu arbeiten: Sie können nach beliebigen Stichwörtern im Katalog suchen lassen. Dadurch ist die Suche nicht nur auf eine Kategorie beschränkt. Je mehr Stichwörter Sie eingeben, desto geringer wird die Anzahl der Treffer: Web.de zeigt nur die Einträge an, auf die *alle* Stichworte zutreffen! Dadurch erhalten Sie eine bessere Auswahl, und Ihre Suche wird konkreter und differenzierter. Sollten Sie zu viele Stichwörter benutzen, kann die Trefferliste auch leer bleiben.

Anwendung auf das Beispiel Wien

Direkt auf der Startseite von *www.web.de* finden Sie eine Eingabe-zeile, die Sie anklicken können. Anschließend können Sie dort Ihr Stichwort oder Ihre Stichwörter einzugeben.

Eingabe des Stichworts „Wien" in die Suchzeile der Seite *www.web.de*

Der anschließende Klick auf *Suchen* oder alternativ die Betätigung der Taste (Enter) bzw. (↵) bringt Sie zu folgendem Ergebnis:

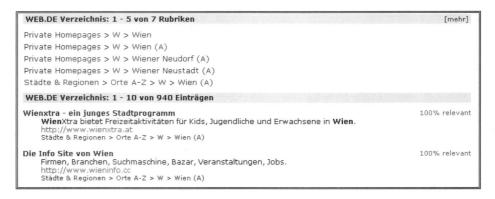

Ausschnitt aus der Ergebnisseite bei der Suche nach „Wien" im Verzeichnis *www.web.de*

Das Ergebnis zeigt Ihnen auch wieder die Rubrik (Kategorie), zu der Sie sich eben durchgeklickt haben. Aber es gibt im Verzeichnis noch sechs weitere Rubriken, die alle das Stichwort Wien beinhalten.

Im kompletten Verzeichnis hat web.de 940 Einträge gefunden und zeigt Ihnen vorerst die Einträge 1 bis 10 an. Die gesamte Trefferzahl ist viel zu groß, als dass Sie nun alle bearbeiten und alles lesen könnten. Daher müssen Sie die Suche weiter einschränken. Dies geschieht durch die Eingabe eines zusätzlichen Stichworts. Wählen Sie als Beispiel das zweite Stichwort „Sehenswürdigkeiten".

Home   Profi-Suche   Verzeichnis

| wien sehenswürdigkeiten | Suchen |

Eingabe mehrerer Suchwörter

Die Suchwörter „Wien" und „Sehenswürdigkeiten" müssen beide in den Seiten vorkommen, die nun in der Ergebnisliste stehen. Dadurch wird die Trefferzahl wesentlich verringert.

Das Ergebnis zeigt Ihnen noch drei Einträge im Verzeichnis an, wovon sich zwei mit Unterkünften beschäftigen. Ein Treffer verweist auf eine private Internetseite, auf welcher die Sehenswürdigkeiten von Wien vorgestellt werden.

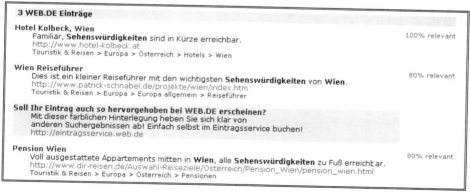

3 WEB.DE Einträge

Hotel Kolbeck, Wien
Familiär, **Sehenswürdigkeiten** sind in Kürze erreichbar.   100% relevant
http://www.hotel-kolbeck.at
Touristik & Reisen > Europa > Österreich > Hotels > Wien

Wien Reiseführer
Dies ist ein kleiner Reiseführer mit den wichtigsten **Sehenswürdigkeiten** von **Wien**.   80% relevant
http://www.patrick-schnabel.de/projekte/wien/index.htm
Touristik & Reisen > Europa > Europa allgemein > Reiseführer

Soll Ihr Eintrag auch so hervorgehoben bei WEB.DE erscheinen?
Mit dieser farblichen Hinterlegung heben Sie sich klar von
anderen Suchergebnissen ab! Einfach selbst im Eintragsservice buchen!
http://eintragsservice.web.de

Pension Wien
Voll ausgestattete Appartements mitten in **Wien**, alle **Sehenswürdigkeiten** zu Fuß erreichbar.   80% relevant
http://www.dir-reisen.de/Auswahl-Reiseziele/Österreich/Pension_Wien/pension_wien.html
Touristik & Reisen > Europa > Österreich > Pensionen

Treffer bei web.de mit den Stichwörtern „Wien" und „Sehenswürdigkeiten"

RAT

Sie müssen sich bei der Suche darauf gefasst machen, dass Sie immer auch Seiten finden werden, die nicht die gewünschten Informationen enthalten. Lassen Sie sich dadurch nicht entmutigen, ein wenig Ausdauer hilft weiter ...

Eine private Homepage zu den Wiener Sehenswürdigkeiten

Über die Suche nach den Kategorien hätten Sie diese Seite nicht gefunden, da sie nicht in die Rubrik Wien einsortiert wurde. Sie findet sich im Bereich: *Touristik & Reisen > Europa > Europa allgemein > Reiseführer*

Wann benutzen Sie ein Verzeichnis zum Suchen?

Die Verzeichnisse und Kataloge sind immer dann interessant, wenn Sie sich einen ersten Überblick über ein Thema verschaffen wollen. Sie suchen nichts Spezielles, sondern wollen einfach nur nachschlagen, was es so gibt. Sie können sehr schön in den Kategorien blättern und sich zum Thema orientieren. Diese Form der Suche ähnelt dem Sichten eines Regals in der Bibliothek. Dank der systematischen Sortierung finden Sie viele Bücher zu dem Thema.

Ein Nachteil der Kataloge liegt in der mangelnden Aktualität. Jeder Eintrag muss von einem Redakteur bearbeitet werden, und daher dauert es meist länger, bis neue Seiten aufgenommen und ungültige entfernt werden. Deshalb finden Sie in den Verzeichnissen keine Informationen zu tagesaktuellen Nachrichten.

Kein Eintrag im Katalog – was nun?

Es kann Ihnen passieren, dass Sie einen Suchbegriff in einen Katalog eingeben und zu diesem Begriff nichts im Katalog eingetragen ist. Dann möchte der Anbieter Ihnen nicht die Fehlermeldung „Kein Treffer" ausgeben. Daher leitet er Sie an eine Suchmaschine weiter (siehe nächstes Kapitel). Dies ist nicht immer einfach zu erkennen, daher sollten Sie auf der Ergebnisseite immer darauf achten, aus welchem Bereich die Auflistung kommt.

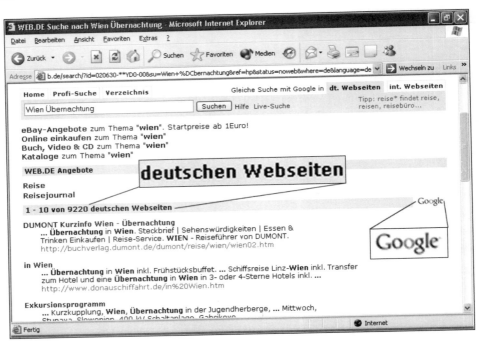

Der Katalog findet nichts und zeigt Ihnen daher die Ergebnisse einer Suchmaschine.

Die hier gezeigten Ergebnisse stammen gar nicht vom Katalog web.de, sondern wurden von der Suchmaschine Google geliefert. Beide Firmen kooperieren miteinander. Dadurch verhindert web.de, dass es Ihnen eine leere Trefferliste anzeigen muss. Mit der Suchmaschine befasst sich das nächste Kapitel, denn sie stellt eine weitere Suchvariante dar.

Werbung immer und überall

Einige Kataloge verdienen nicht nur über Werbung in Form von Bannern. Sie lassen sich auch für den Eintrag einer Seite in ihre Datenbank bezahlen. Dieser Eintrag erscheint dann bei vielen Suchen automatisch sehr weit oben im Verzeichnis. Daher finden Sie in der Ergebnisliste auch Einträge, die gar nicht zur Ihrer Suchanfrage passen.

> Nicht alle Anbieter kennzeichnen die bezahlten Platzierungen in ihren Ergebnislisten und verfälschen dadurch die angezeigten Treffer. Die hier vorgestellten Kataloge und Suchmaschinen heben solche Treffer gesondert hervor.

Der Katalog *www.web.de* lässt sich besondere Einträge von den Anbietern bezahlen. Diese werden dafür gesondert hervorgehoben.

Bezahlte Platzierungen werden bei web.de gelb hinterlegt.

Selbst die Suchmaschine Google (siehe nächstes Kapitel) kommt nicht ohne Werbung aus. Die Seite hat zwar kaum Werbebanner und ist sehr übersichtlich, aber in der Trefferliste werden zum gewünschten Thema gesonderte Links aufgeführt.

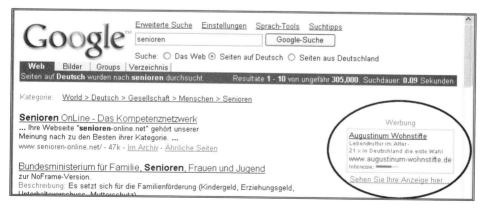

Bezahlte Links bei *www.google.de* mit dem Suchwort „Senioren"

Zur Erinnerung

⇨ Sie kennen jetzt die Arbeitsweise von Katalogen und Verzeichnissen.

⇨ Der Katalog bietet eine Vorauswahl und zeigt nicht jede Internetseite an, die den Suchbegriff enthält.

⇨ Kataloge teilen die von den Redakteuren bearbeiteten Seiten in Kategorien auf.

⇨ Kataloge eignen sich besonders für einen ersten Überblick.

Suchmaschinen? Google ist eine Findemaschine!

Los geht's

⇨ In diesem Kapitel lernen Sie die Suchmaschine Google kennen.

⇨ Sie werden bei Ihrer Suche im Internet über eine Million Treffer landen.

⇨ Suchmaschinen zeigen Ihnen schon sehr viel ...

⇨ ... und selbst das lässt sich noch steigern!

⇨ Auch Bilder und Grafiken finden Sie im WWW.

⇨ Die nächste Einladung kann daher noch bunter gestaltet werden, da sich Ihre Auswahl nun immer weiter vergrößert.

⇨ Nach gezielter Suche oder zufälligem Fund – alle Bilder können auf Ihrer Festplatte landen!

Suchmethode 3: Suchmaschinen

Die Kataloge finden bereits viele Seiten zu den verschiedensten Themen, jedoch noch lange nicht alle. Der nächste Schritt bei der Suche ist die Benutzung von Suchmaschinen. Diese arbeiten nicht mit einem Katalog, sondern geben Ihnen die Möglichkeit, die hier eingetragenen Seiten im Volltext zu durchsuchen.

Volltext bedeutet, dass Ihre gesuchten Stichwörter mit dem kompletten Text (Wort für Wort) der erfassten Seiten verglichen werden. Wichtig ist hier die Einschränkung auf die erfassten Seiten einer Suchmaschine: Sogar die besten Suchmaschinen decken nur ca. 30 % der Internetseiten ab.

Der große Unterschied zu den Katalogen liegt neben der Volltextsuche in der automatisierten Erfassung der Internetseiten. Bestimmte Programme, so genannte Spider oder Crawler, durchsuchen das Internet und tragen alle gefundenen Seiten in eine riesige Datenbank ein. Diese können Sie mit Ihren Stichwörtern befragen, und Sie bekommen wie bei den Katalogen eine Ergebnisliste. Die ist meist wesentlich umfangreicher als bei den Katalogen, und genau hier liegt auch die größte Schwierigkeit: Die Liste sollte eine Sortierung haben, die die besten Seiten als Erstes anzeigt. Die Suchmaschine Google hat eine neue Strategie entwickelt und ist mit dieser zurzeit sehr erfolgreich.

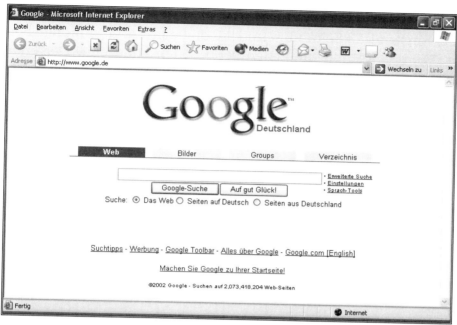

Die Suchmaschine Google (*www.google.de*)

Die Bedienung erfolgt wie bei der Stichwortsuche in Katalogen (s. Kapitel: *Und es gibt doch Adressbücher für das Internet*). Sie müssen nur das gesuchte Stichwort in die Suchzeile eingeben und anschließend die Taste [Enter] bzw. [↵] tippen. Suchen Sie nun wieder nach Informationen zu Ihrem Urlaubsziel Wien. Jetzt suchen Sie nicht nur auf deutschen Seiten, sondern durchsuchen die Datenbank von Google auch nach internationalen Seiten.

Eingabe des Stichworts „Wien" in die Suchmaschine Google

Die Suche ergibt sehr schnell eine sehr große Trefferzahl. Innerhalb von nur 0,23 Sekunden findet Google fast drei Millionen Seiten. Vorerst werden die ersten zehn Seiten angezeigt. Der erste Link zeigt Ihnen wieder die Seite der Wiener Stadtverwaltung, die Sie bereits über das „Adressen-Raten" gefunden haben. Anschließend werden in der Liste diverse Hochschulen der Stadt genannt. Die Platzierung so weit oben spricht für die Bedeutung der Hochschulen im Netz.

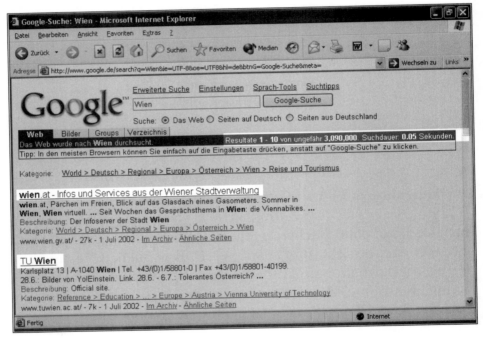

Suche bei Google nach Wien

Die Trefferzahl ist jedoch viel zu groß und muss einschränkt werden. Die erste Möglichkeit ist die Begrenzung der Suche auf deutschsprachige Seiten. Dafür müssen Sie nur die Markierung bei *Seiten auf Deutsch* setzen und anschließend die Suche neu starten.

Die Ergebnisliste ist jetzt zwar weniger umfangreich, aber immer noch nicht überschaubar:

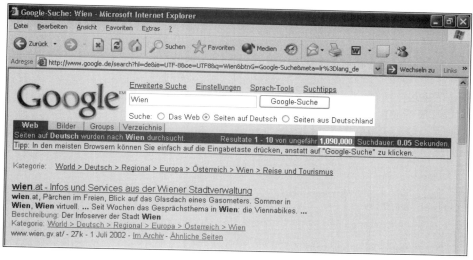

Suche nach deutschen Seiten über Wien bei Google

Mit über eine Millionen Treffer ist die Auswahl weiterhin viel zu groß, und Sie finden wieder ähnliche Seiten wie bei der internationalen Suche auf den ersten Plätzen der Ergebnisliste. Daher muss die Suche noch weiter eingeschränkt werden.

Dies geschieht durch das Verändern der Stichwörter. Der Begriff „Wien" alleine ist für eine Suchmaschine zu allgemein und bringt daher so viele Treffer. Sie können die Suche verfeinern, indem Sie zusätzlich zu dem Stichwort „Wien" noch weitere eingeben.

Damit Sie Wien besser kennen lernen, möchten Sie gerne auch eine Rundfahrt durch die Stadt machen. Dies können Sie als zweites Stichwort nutzen.

Die Ergebnisliste zeigt nun ganz andere Seiten. Die Gesamttrefferzahl liegt nur noch bei ca. 2.500 Seiten. Immer noch sehr viel, aber bereits deutlich weniger. Google zeigt Ihnen nur noch Seiten an, auf denen beide Stichwörter vorkommen.

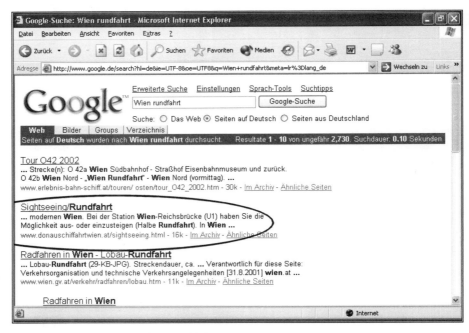

Suche nach „Wien" und „Rundfahrt"

Bereits der zweite Link sieht sehr viel versprechend aus, da der Auszug der Seite genau die gesuchten Stichwörter enthält. Dieser Link führt zu Informationen über Schiffsrundfahrten in Wien. Die Seite enthält auch die passenden Fahrpläne und eine Preisliste.

Rundfahrten in Wien – *www.donauschiffahrtwien.at/sightseeing.html* zeigt Ihnen die Möglichkeiten zu Schiff!

Der beste Einsatzzweck für Suchmaschinen

Suchmaschinen eignen sich gut für die Suche nach speziellen Informationen, weniger aber für einen allgemeinen Überblick. Bei der Eingabe von zu allgemeinen Suchbegriffen ist die Trefferzahl viel zu groß, und mehr als die ersten 30 Links schaut sich niemand an. Zudem führen allzu alltägliche Suchbegriffe auch zu vielen uninteressanten Seiten, die den Begriff eher zufällig enthalten. Daher sollten Sie eine Suchmaschine hauptsächlich bei der Suche nach konkreten und speziellen Informationen benutzen.

Bei der Suche nach speziellen und fachspezifischen Begriffen ist die Trefferanzahl auch wesentlich geringer und übersichtlicher. Bei der Suche nach einem bestimmten Medikament findet Google nur sechs Seiten, aber bereits eine der ersten zeigt Ihnen wichtige Informationen zu diesem Medikament.

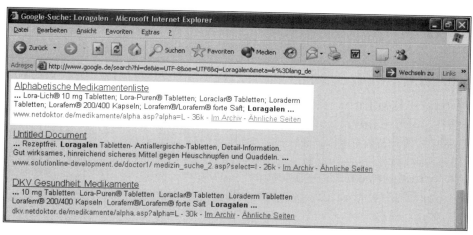

Suche in Google nach einem speziellen Medikament

Auch bei den Suchmaschinen dauert es einige Zeit, bis neue Seiten in der Datenbank verzeichnet sind. Daher dürfen Sie auch hier nicht auf tagesaktuelle Informationen hoffen.

RAT

Durch die Auswahl der Suchmaschine können Sie die Suche einschränken oder erweitern. Die internationalen Suchmaschinen finden weniger deutsche Seiten als deutsche Anbieter. Daher hier eine kleine Übersicht, weitere Suchmaschinen finden Sie im Anhang.

Name	Adresse	Ausrichtung	Beschreibung
Google	*www.google.de*	International	Sehr große Datenbank und gute Sortierung der Ergebnisliste. Daher viele gute Treffer weit oben.
Fireball	*www.fireball.de*	Deutsch	Im Vergleich zu internationalen Datenbanken recht klein, für deutsche Suchmaschine sehr gut.
Alta Vista	*www.altavista.de*	Beides	Guter deutsche Index basiert auf der Technik der amerikanischen Mutter.

Wenn Sie mit einer Suchmaschine nichts finden, probieren Sie eine andere!

Allerdings kann es Ihnen passieren, dass selbst die Volltextsuche einer Suchmaschine nicht das gewünschte Ergebnis bringt. Dann wäre eine Möglichkeit, eine weitere Suchmaschine aufzurufen und hier Ihre Suchbegriffe auch eingeben. Die Suchmaschinen haben unterschiedliche Datenbanken und werden Sie daher auch zu unterschiedlichen Treffern bringen. Sie werden natürlich immer Überschneidungen feststellen können.

Viele Suchmaschinen auf einmal nutzen

Die Nutzung von Suchmaschinen erzeugt bereits große Trefferlisten, und selbst bei Spezialbegriffen und -themen werden Sie meist fündig. Trotzdem decken selbst die besten Suchmaschinen höchstens ein Drittel der verfügbaren Internetseiten ab. Daher kann es sein, dass Sie selbst hier nicht fündig werden. Sie können jetzt einfach mehrere Suchmaschinen abfragen. Dies können Sie aber auch dem Computer überlassen – bzw. den eigens dafür vorgesehenen Metasuchmaschinen!

Metasuchmaschinen leiten Ihre Suchbegriffe direkt an mehrere andere Suchmaschinen weiter. Sie unterhalten also gar keine eigene Datenbank, sondern nutzen die bereits bestehenden. Die Ergebnisse werden dann zusammengefasst, neu sortiert und die Dubletten gelöscht. Eine deutsche Metasuchmaschine ist Nettz (kein Tippfehler). Sie befragt in der Grundeinstellung schon 18 Suchmaschinen nach den eingegebenen Stichwörtern. Sie können die Suche sogar auf 40 deutsche Suchmaschinen ausweiten. Die Suche dauert natürlich auch entsprechend länger, die Seite wird nicht so schnell aufgebaut wie bei der Nutzung einer einzelnen Suchmaschine.

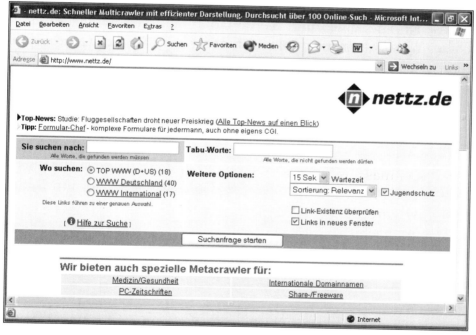

Unter *www.nettz.de* erreichen Sie viele Suchmaschinen auf einmal.

Eine Metasuchmaschine wird genauso bedient wie ein Katalog oder eine einzelne Suchmaschine: Sie geben wieder mindestens ein Suchwort oder besser mehrere Suchwörter ein, die die Suche weiter einschränken. Anschließend können Sie in der Trefferliste die gewünschten Links anklicken.

Auch Bilder wollen gefunden werden

Sie finden auf den besuchten Internetseiten meist reichlich Bilder und Grafiken. Und manchmal reizt es schon, diese Bilder auch für eigene Zwecke zu nutzen. Warum nicht mal eine Einladung mit Bildern aus dem Internet gestalten? Doch wenn es so weit ist, dass Sie die Grafiken nutzen wollen, dann finden Sie natürlich keine mehr. Die schönen Bilder finden Sie nur, wenn Sie sie gerade gar nicht brauchen.

Aber auch nach Bildern lässt sich im Internet suchen. Sie werden allerdings in den Ergebnislisten immer auch viele unsinnige Treffer erhalten. Das Problem liegt in der Zuordnung der Bilder zu Ihren Suchbegriffen. Die vorhandenen Bilder können nicht von Menschenhand einsortiert werden, dafür sind es einfach zu viele. Daher muss auch dies vollautomatisch von Computerprogrammen erledigt werden. Die können aber ein Bild nicht sehen wie ein Mensch. Sie erfassen nicht den Inhalt des Bildes, sondern orientieren sich nur am Namen des Bildes und dem umgebenden Text. Das ist aber nicht unbedingt eindeutig, und daher die vielen „falschen" Treffer bei der Suche.

Die Suchmaschine Google ist eine der ersten, die auch die Suche nach Bildern anbietet. Nutzen Sie diese Adresse also, um Bilder von Wien zu finden:

Schritt für Schritt – Bilder von Wien

1 Rufen Sie die Adresse *www.google.de* auf und klicken Sie auf der Startseite auf das Wort *Bilder* oberhalb der Suchzeile. Die Seite verändert sich nur geringfügig, aber Sie sind jetzt bei der Bildersuche.

2 Die Anzahl der Bilder, die durchsucht werden, ist mal wieder schier unglaublich. Es sollen 330.000.000 Bilder sein. Da sollten auch Sie fündig werden.

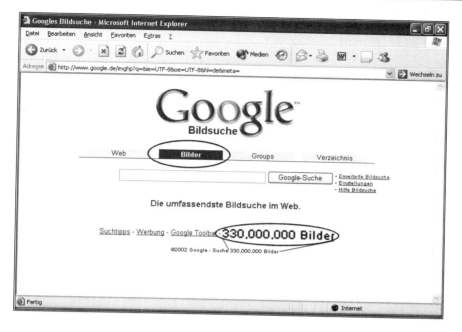

3 Geben Sie bitte wieder in die Suchzeile das Stichwort ein; es geht mal wieder um Wien. Starten Sie anschließend die Suche. Das Ergebnis ist erst mal wieder erschlagend.

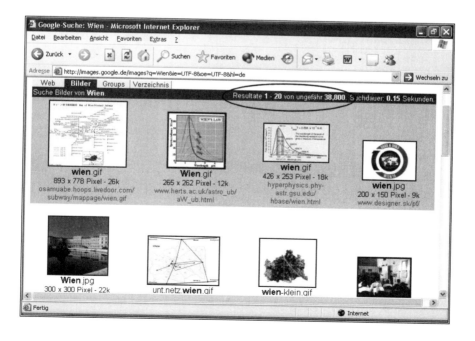

4 Die Anzahl der gefundenen Bilder ist unglaublich, aber die Treffer sind auch sehr allgemein. Viele haben nur im weiteren Sinne etwas mit Wien zu tun, und bei manchen lässt sich gar kein Zusammenhang erkennen.

5 Daher gilt auch hier, wie bei der Suche generell in Suchmaschinen: Die Suchwörter dürfen nicht zu allgemein sein! Ergänzen Sie also das Suchwort „Wien" um den „Prater".

6 Die Trefferzahl ist auf ein erträgliches Maß geschrumpft, und auch die Auswahl der Bilder sieht bereits wesentlich besser aus. Es sind nur noch 350 Bilder übrig geblieben.

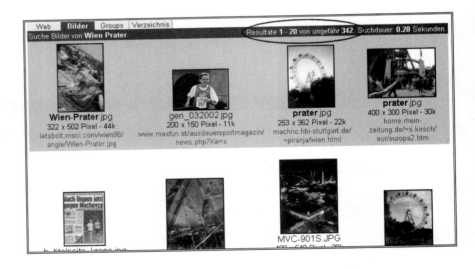

7 Sie werden bei der Suche nach Wien und Prater immer auch Ergebnisse zum Laufen und Laufsportveranstaltungen finden. Es gibt einige Veranstaltungen aus diesem Bereich rund um den Prater.

8 Zu Ihren Suchwörtern haben Sie einige gute Treffer gefunden. Suchen Sie sich einfach ein Bild aus und klicken Sie dieses an. Sie werden auf eine neue Seite geleitet.

9 Google zeigt Ihnen nun ein zweigeteiltes Fenster. Im oberen Bereich wird Ihnen noch mal das gefundene Bild angezeigt. Der untere Teil zeigt Ihnen den Ursprungsort des Bildes auf der entsprechenden Internetseite.

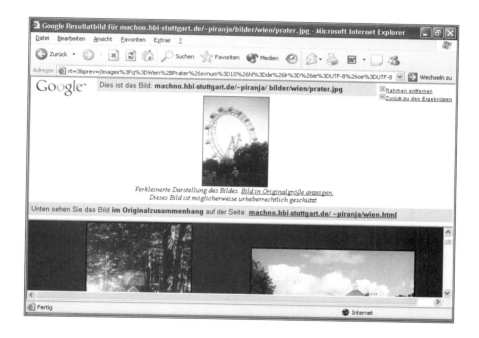

10 Wenn Sie über die Suche oder auch zufällig auf einer anderen Internetseite ein passendes Bild gefunden haben, dann wollen Sie dieses ja auch benutzen.

11 Klicken Sie einfach mit der rechten Maustaste auf das gewünschte Bild. Das nun erscheinende Kontextmenü zeigt Ihnen unter anderem den Menüpunkt *Bild speichern unter* an.

12 Das anschließende Menü ist der normale Dialog zum Speichern von Dateien. Sie müssen nur einen Ort (1) sowie einen Dateinamen (2) auswählen, und schon haben Sie das Bild auf Ihrer Festplatte.

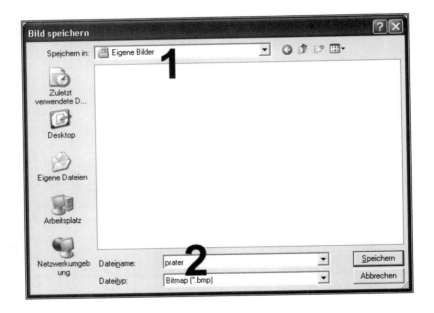

RAT Achten Sie bei den Bildern immer auf das Urheberrecht. Verwenden Sie das Bild nur in Veröffentlichungen, wenn Sie den Ersteller der Internetseite um Zustimmung gebeten haben.

Zur Erinnerung

⇨ Sie können jetzt eine Suchmaschine wie Google bedienen.

⇨ Sie haben die überwältigende Fülle an Seiten gesehen, die eine Suchmaschine liefern kann.

⇨ Sie können die Anzahl an Treffern mit zusätzlichen Suchbegriffen einschränken und so nicht viele, sondern vor allem sinnvolle Treffer erzielen.

⇨ Wenn eine Suchmaschine nicht reicht, greifen Sie zur Metasuchmaschine.

⇨ Manche Suchmaschinen können auch Bilder finden.

⇨ Die Bildersuche erzeugt viele „falsche" Treffer und ist nicht so präzise wie die Suche nach Text.

⇨ Gute Suchwörter sind daher umso wichtiger. Je mehr Übung Sie haben, desto besser wird auch die Auswahl Ihrer Stichwörter.

Das war noch längst nicht alles – weitere Suchvarianten

Los geht's

⇨ Sie werden die Bedeutung von Link-Sammlungen kennen lernen.

⇨ Das Internet hat nicht nur einen Eingang.

⇨ Der Internet Explorer selbst kann auch suchen.

⇨ Nicht jeder will gefunden werden.

Fertige Sammlungen von Adressen

Nicht immer müssen Sie etwas Konkretes suchen, wenn Sie sich im Internet bewegen. Sie können sich auch einfach nur ein wenig durch das Internet durchtasten. Daher stammt auch der Begriff: im Internet surfen.

Für solche Anliegen bieten sich Link-Sammlungen an. Diese gibt es zu speziellen oder allgemeinen Themen. Meist werden sie von Privatpersonen betrieben, die kein kommerzielles Interesse verfolgen. Daher erheben sie auch keinen Anspruch auf Vollständigkeit, sondern stellen eine subjektive Auswahl von interessanten Seiten dar.

Eine solche allgemeine Liste von Links finden Sie unter der Adresse: *www.toool.de* (Schon wieder kein Tippfehler!)

Die Laufleiste am rechten Rand zeigt es schon: Unter *www.toool.de* ...

Unter der Adresse finden Sie hauptsächlich eine Seite, die jedoch sehr lang ist. Oben sehen Sie den oberen Bereich, und das nächste Bild zeigt den unteren Bereich.

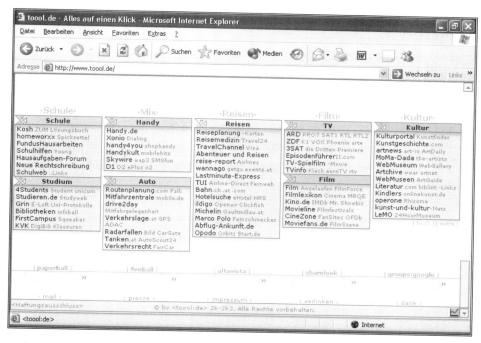

... finden Sie eine sehr lange Liste mit Links! Hier sehen Sie das untere Ende.

Von hier aus haben Sie einen guten Startpunkt für das ungezwungene Surfen im Netz. Weitere Link-Sammlungen auch zu Spezialthemen finden Sie im Anhang.

Weitere Eingänge ins Internet

Ähnlich wie die Link-Sammlungen bieten Ihnen auch die Portale einen einfachen Einstieg ins Netz. Der große Unterschied liegt beim Betreiber von Portalen. Das sind meist große Firmen, die mit diesen Seiten natürlich Geld verdienen wollen und daher hauptsächlich auf ihre eigenen Angebote und die der Partner verweisen.

Die Portale sind bei vielen Browsern schon als Startseite eingestellt. Wenn Sie zum Beispiel einen Internetzugang über T-Online haben, werden Sie beim Aufruf der Software immer folgende Startseite erhalten. Sie wird automatisch geladen, ohne dass Sie die Adresse gesondert eingeben müssen.

Die Einstiegsseite für jeden T-Online-Kunden: *www.t-online.de*

Die Portalseiten bieten meist eine Mischung aus Nachrichten und Einkaufsmöglichkeiten. Die Seiten sind häufig sehr bunt und unübersichtlich gestaltet. Die Betreiber möchten sehr viele Informationen unterbringen und stopfen die Seiten daher immer sehr voll.

Weitere typische Startseiten sind die Adressen der beiden Browser-Hersteller Microsoft (sprich: *maikrosoft*) und Netscape (sprich: *netskäip*).

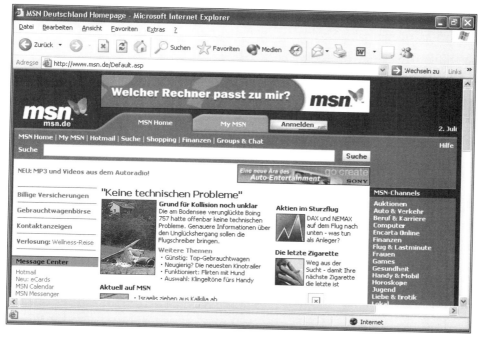

Der Portalservice von Microsoft: *www.msn.de*

Auch Netscape hat eine eigene Standard-Startseite: *www.netscape.de*

Wenn Sie bei den Portalen das kommerzielle Interesse der Anbieter im Hinterkopf behalten, dann sind auch diese ein schöner Ausgangspunkt für eine Entdeckungsreise durch das Internet.

Suchfunktion im Internet Explorer

Wir belästigen Sie hier schon die ganze Zeit damit, dass Sie die Suche selbst starten und selbst die Adressen der Suchmaschinen eingeben müssen. Dabei gibt es im Internet Explorer eine eingebaute Suchfunktion. In der Symbolleiste finden Sie ein Symbol zum Suchen, diese Schaltfläche blendet eine Extra-Spalte zum Suchen ein.

Symbolleiste des Internet Explorers mit der Schaltfläche *Suchen*

Suchspalte im Internet Explorer

Auch hier können Sie nun einen Suchbegriff eingeben und die Suche starten. Der Internet Explorer ist meist so eingestellt, dass die Microsoft-eigene Suchmaschine MSN Search (englisch für Suche, sprich: *sörtsch*) benutzt wird. Das ist eine ganz normale Suchmaschine, die ein eigenes Verzeichnis unterhält. Sie können also auch diese Funktion nutzen, nur dass Sie Ihre Suche dann auf diese eine Suchmaschine einschränken.

Bei der Suche nach dem Stichwort „Wien" findet die Suchmaschine lediglich 30 Seiten, davon viele in englischer Sprache. Auf eine eigenständige Suche mit den oben beschriebenen Möglichkeiten sollten Sie also nicht verzichten. Dadurch können Sie flexibler die Suche Ihren Wünschen anpassen.

Finden Sie jetzt wirklich alles?

Sie haben nun einige Möglichkeiten kennen gelernt, mit denen Sie Informationen im Internet finden können. Sie haben zu Ihrem Reiseziel Wien bereits viele Seiten gefunden. Trotzdem haben Sie mit Sicherheit nicht alle Seiten zu diesem Thema gefunden. Es gibt im Internet viele Seiten, die Sie nicht mit Hilfe der verschiedenen Suchstrategien finden werden. Solche Seiten können Sie nur über die direkte Anwahl der Adresse betrachten. Diese Adresse muss Ihnen daher bekannt sein.

Hierzu gehören zum Beispiel auch viele private Internetseiten. Auf diesen werden Bilder und Texte von privaten Feiern wie Hochzeiten veröffentlicht. Die Adresse der Internetseite wird aber nur den Besuchern mitgeteilt und kann daher auch nur von diesen benutzt werden. Es gibt auch viele interne Firmeninformationen, die nicht für jeden zugänglich sind. Teilweise sind diese zusätzlich über verschiedene Sicherungsmechanismen geschützt.

Trotz der vielfältigen Suchvarianten werden Sie immer nur einen Ausschnitt der verfügbaren Informationen finden. In der Abbildung sehen Sie eine schematische Darstellung Ihrer möglichen Ergebnisse. Der graue Bereich beschreibt alle Internetseiten, die prinzipiell erreichbar sind. Je nach Suchmethode ist Ihr Ergebnisbereich mehr oder weniger groß. Bei der Kombination verschiedener Methoden werden Sie die eine oder andere Seite doppelt „finden". Sie erhalten aber auch neue Ergebnisse, die Sie sonst vielleicht nicht entdeckt hätten. Manche Adressen allerdings erreichen Sie nie.

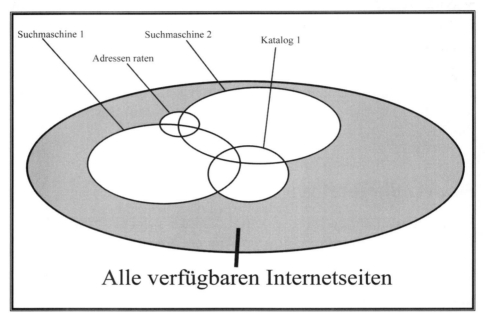

Schematische Darstellung der auffindbaren Internetseiten

Lassen Sie sich von dieser Tatsache nicht entmutigen. Die Vielfalt der Seiten, die Sie finden werden, ist immer noch unglaublich hoch. Wenn Sie Zugriff auf noch mehr Seiten hätten, wäre die Qual der Wahl umso größer.

Zur Erinnerung

⇨ Am besten lernen Sie im Internet durch Erfahrung.

⇨ Nutzen Sie daher die Link-Sammlungen oder Portale, um sich mit den Möglichkeiten des Internets vertraut zu machen.

⇨ Die Suchmöglichkeiten finden sehr viele Seiten, mehr ist auch gar nicht nötig.

Besuchte Seiten wieder finden

Los geht's

⇨ Zu Beginn kommt immer die gleiche Seite, wie kann das nur abgestellt werden?

⇨ Legen Sie alle spannenden Internetadressen an einer Stelle geordnet ab; so sind die Favoriten immer griffbereit für den schnellen Aufruf.

⇨ Wie war doch gleich die Adresse der Seite, die Sie vorgestern besucht haben? Der *Verlauf* verrät es Ihnen.

Ihre Lieblingsseite als Startseite einrichten

Wahrscheinlich ist auch bei Ihnen bereits eine Startseite in Ihrem Browser Internet Explorer eingestellt. Daher wird beim Öffnen dieses Programms immer direkt eine bestimmte Seite geöffnet. Dies kann die Seite von Microsoft (*www.msn.de*) sein, häufig ist es auch die Seite der deutschen Telekom (*www.t-online.de*). Die Anbieter erhoffen sich davon viele Besucher auf ihren Seiten.

Dies ist aber nicht unbedingt das Beste für Sie. Wenn Sie häufig im Internet surfen, dann werden Sie eine oder mehrere Seiten regelmäßig aufrufen. Vielleicht haben Sie bereits eine interessante Seite gefunden, die Sie immer wieder besuchen, um sich dort nach Neuigkeiten umzuschauen. Dann sollten Sie sich eine eigene Startseite einrichten.

Diese Startseite wird immer automatisch beim Start des Programms aufgerufen, und Sie können sie über das Symbol *Startseite* jederzeit direkt aufrufen.

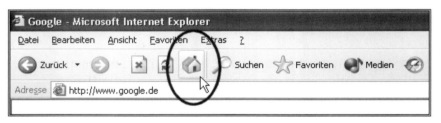

Das Symbol *Startseite* im Internet Explorer

Zur Einrichtung Ihrer eigenen Startseite sollten Sie die gewünschte Seite im Internet Explorer aufrufen. Hierfür geben Sie wie gewohnt die Adresse in die Adresszeile ein und betätigen anschließend die Taste [Enter] bzw. [←]. Als Beispiel werden Sie jetzt die Suchmaschine Google zur Startseite machen.

Nachdem Sie die Seite *www.google.de* aufgerufen haben, rufen Sie den Menüpunkt *Extras* und anschließend *Internetoptionen* auf.

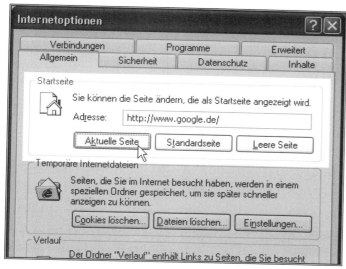

Hier legen Sie die Startseite fest!

Im danach erscheinenden Menü brauchen Sie nur noch den Menüpunkt *Aktuelle Seite* auszuwählen, und die Adresse der im Hintergrund aufgerufenen Adresse wird automatisch eingetragen. Nun
klicken Sie noch einmal auf *OK,* und Sie haben die neue Startseite
eingetragen.

Diese Seite wird nun bei jedem Start angezeigt. Gibt es allerdings
mehrere Seiten, die Sie häufiger benötigen, so hilft Ihnen dieses
Vorgehen nicht weiter: Sie können nicht mehr als eine Startseite
festlegen! Dafür gibt es die Favoriten.

Seiten in den Favoriten ablegen

Sie werden bei der Suche und dem Surfen im Internet mit Sicher-
heit immer wieder auf spannende Seiten treffen. Und viele dieser
Seiten möchten Sie sich auch später wieder anschauen und die
Veränderungen auf der Seite verfolgen. Jetzt ist es aber furchtbar
lästig, wenn Sie die gefundenen Adressen immer irgendwo auf
Papier notieren und bei Bedarf dann wieder eintippen müssen.
Auch hierfür bietet der Internet Explorer eine Funktion.

Sie können elektronische Lesezeichen verwalten: die Favoriten. Dadurch haben Sie Ihre Lieblingsseiten immer griffbereit. Die Favoriten können Sie sich in zwei verschiedenen Varianten anzeigen lassen.

Die Favoriten im Browser-Fenster anzeigen

Sie rufen die Favoriten über das genauso beschriftete Symbol in der Symbolleiste auf. Dadurch erscheinen am linken Rand in einer Spalte die zurzeit verfügbaren Favoriten.

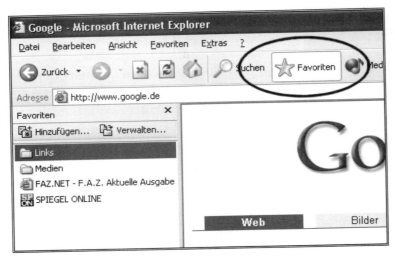

Internet Explorer mit Favoriten

Die Favoriten im Platz sparenden Menü

Bei der zweiten Variante lassen Sie sich die Favoriten nicht in einer eigenen Spalte anzeigen, sondern wählen sie aus dem Menü aus. Sie finden in der Menüleiste den Eintrag *Favoriten*. Wenn Sie diesen auswählen, werden Ihnen ebenso die aktuellen Favoriten angezeigt. Der Vorteil liegt aber darin, dass das Menü anschließend wieder ausgeblendet wird. Die Spalte aus der ersten Variante bleibt so lange stehen, bis Sie diese wieder ausblenden. Dadurch nimmt sie Ihnen Platz weg, den Sie zur Anzeige der Internetseiten nutzen können.

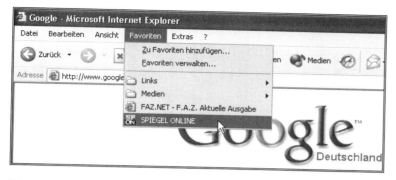

Die Favoriten im Menü

Für die vorgestellten Suchstrategien brauchen Sie bei jeder neuen Suche immer wieder bestimmte Internetadressen. Daher ist es sinnvoll, dass Sie sich diese Adressen als Lesezeichen ablegen. Damit diese nicht das komplette Favoriten-Menü beanspruchen, werden sie in einem eigenen Ordner abgelegt.

Schritt für Schritt – Suchseiten in einem neuen Ordner als Lesezeichen ablegen

1 Rufen Sie die Seite des deutschen Katalogs web.de auf (*www.web.de*). Geben Sie dafür die Adresse in den Internet Explorer ein und drücken Sie anschließend die Taste (Enter) bzw. (←).

2 Wählen Sie den Menüpunkt *Favoriten* aus der Menüleiste aus. Hierfür klicken Sie das Wort in der Symbolleiste einmal mit der Maus an (siehe obige Abbildung).

3 Der erste Menüpunkt lautet *Zu Favoriten hinzufügen*. Führen Sie die Maus auf diesen Punkt und klicken Sie ihn einmal an. Eines der folgenden Menüs wird erscheinen.

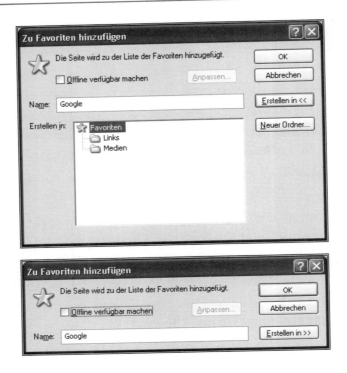

4 Sollten Sie die untere Ansicht erhalten haben, klicken Sie einmal auf den Menüpunkt *Erstellen in* >>. Dadurch erweitert sich das Menü wie in der oberen Ansicht.

5 Die Suchseiten sollen in einem neuen Ordner abgelegt werden, und daher müssen Sie diesen jetzt noch erstellen. Hierfür klicken Sie auf die Schaltfläche *Neuer Ordner* und geben im Fenster den Namen für den neuen Ordner an: „Suchen".

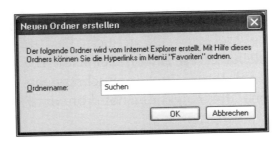

6 Der anschließende Klick auf *OK* erstellt den neuen Ordner und markiert diesen direkt in der Ansicht. Dadurch wird der Katalog web.de direkt in diesem Ordner abgelegt.

7 Sie brauchen nun nur noch auf *OK* zu klicken, und die Adresse ist als Lesezeichen gespeichert. Sie können nun weitere Seiten in diesem Ordner ablegen.

8 Rufen Sie dazu die gewünschte Seite auf (z. B. *www.google.de*) und wählen Sie anschließend wieder im Menü *Favoriten > Zu Favoriten hinzufügen*. Klicken Sie erst auf den Ordner *Suchen* und erst dann auf *OK*.

9 Die gespeicherten Lesezeichen finden Sie jetzt im Menü unter *Favoriten*. Hier sehen Sie den neu ange-legten Ordner *Suchen*. Wenn Sie diesen aufrufen, sehen Sie die bereits abgelegten Seiten.

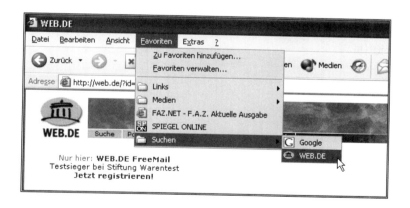

Nutzen Sie diese Möglichkeit reichlich. Dadurch finden Sie Ihre Lieblingsseiten schneller wieder, als wenn Sie jedes Mal wieder die Suchstrategien benutzen müssen. Durch die Ordner können Sie Ihre Links sehr gut sortieren.

RAT

Bereits besuchte Seiten wieder finden

Während des Surfens in den Weiten des Internets kann es Ihnen passieren, dass Sie während der Betrachtung einer Seite ganz vergessen, sich die Adresse zu merken bzw. diese in den Favoriten zu speichern. Sie surfen fleißig weiter, und erst am nächsten Tag fällt Ihnen wieder ein, dass Sie doch eigentlich eine Seite noch genauer anschauen wollten. Leider haben Sie sich nicht die Adresse gemerkt und müssten jetzt versuchen, Ihre Wege vom Vortag zu wiederholen. Auch hier bietet der Internet Explorer eine entsprechende Funktion.

Dieser Browser speichert standardmäßig die Adressen der Seiten, die Sie in den letzten 20 Tagen besucht haben. Diese werden geordnet im so genannten *Verlauf* abgelegt. In der Symbolleiste finden Sie das zugehörige Symbol, es blendet ähnlich wie bei den *Favoriten* an der linken Seite eine neue Spalte ein. Durch einen Klick auf *Heute* oder einen der Wochentage zeigt der Internet Explorer Ihnen die entsprechenden Seiten.

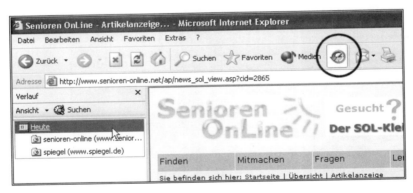

Der *Verlauf* im Internet Explorer

Die Seiten sind sortiert nach den jeweiligen Hauptseiten. In der Abbildung können Sie erkennen, dass auch die Seiten der Zeitschrift „Der Spiegel" besucht wurden. Im Verlauf können Sie die Hauptseite auswählen, und es werden die besuchten Unterseiten angezeigt. Anhand der Bezeichnungen können Sie sehen, welche Seiten es sind, und diese einfach wieder anwählen. Die passende Seite wird dann sofort im Internet Explorer geöffnet.

Besuchte Seiten von *www.spiegel.de*

Wenn Sie die Beschriftungen nicht lesen können, weil die Spalte zu klein ist, dann können Sie die Spalte größer ziehen. Sie müssen nur mit der Maus auf den grauen Balken gehen, der die Verlaufsspalte vom Rest trennt. Der Mauszeiger ändert sich zu einem schwarzen Pfeil (siehe obige Abbildung). Während Sie die linke Maustaste gedrückt halten und die Maus nach rechts bewegen, können Sie die gewünschte Größe aufziehen. Anschließend können Sie die Maustaste wieder loslassen. Nun sollte alles lesbar sein.

Die Verlaufsspalte können Sie jederzeit wieder ausblenden, indem Sie erneut auf das Symbol *Verlauf* klicken.

Den Verlauf kann auch jeder andere Benutzer Ihres Rechners öffnen und sich die von Ihnen besuchten Seiten anzeigen lassen. Wenn Sie aber gerade die Geschenke für Ihre Frau aussuchen, soll diese das natürlich nicht sehen.

ACHTUNG

Wenn Sie den Verlauf löschen wollen, müssen Sie den Menüpunkt *Extras > Internetoptionen* öffnen. Hier haben Sie zuvor bereits die Startseite eingestellt. Nun brauchen Sie den unteren Teil des Menüs. Mit der Schaltfläche „*Verlauf" leeren* können Sie alle Einträge aus der Liste löschen. Soll gar nichts mehr gespeichert werden, tragen Sie als Anzahl der Tage einfach den Wert 0 ein.

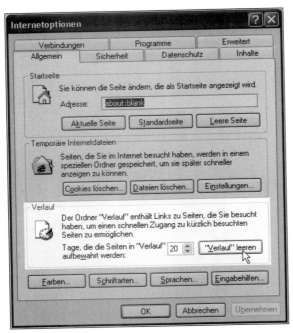

Das Menü *Extras > Internetoptionen* führt Sie auch zum *Verlauf*.

Zur Erinnerung

⇨ Die Startseite ist der tägliche Ausgangspunkt für das Surfen im Internet. Wechseln Sie hin und wieder die Startseite, nur so bleibt das WWW spannend.

⇨ Das gute alte Papier hat nicht ausgedient, aber die Lesezeichen für das Internet werden am Computer verwaltet und nicht auf der Zettelsammlung.

Die Reise nach Wien

Los geht's

⇨ So viele Suchvarianten haben Sie kennen gelernt. Probieren Sie diese noch mal in Ruhe mit dem Beispiel Wien aus.

⇨ Sehenswürdigkeiten und vieles mehr gibt es in Wien. Sie müssen nicht alles vor Ort erleben, vieles geht auch von zu Hause aus.

⇨ Sie werden an den Beispielen sehen, welche Vorteile die jeweiligen Suchstrategien haben und wie Sie diese nutzen können.

Lass mich raten: Wien

Sie wissen nun schon sehr viel über das Suchen und konnten die Informationssuche zum Reiseziel Wien in den vorherigen Kapiteln anhand der Bilder bereits verfolgen. Nun sollen Sie dies aber auch selbst umsetzen, und daher bekommen Sie Hilfe in Form einer Schritt-für-Schritt-Anleitung. Mit der Methode des Adressen-Ratens sollen Sie Internetseiten zum Thema „Wien" finden.

Schritt für Schritt – Suche nach Wien

1 Starten Sie den Internet Explorer entweder aus dem *Start*-Menü oder über das blaue e () auf Ihrem Bildschirm. Klicken Sie nun in die Adresszeile, diese verfärbt sich blau. Dadurch können Sie direkt die gewünschte Adresse eingeben.

2 Sie suchen Informationen zu Wien, und daher wird der Namensteil der Adresse einfach aus dem Wort „Wien" bestehen. Die Adresse beginnt wie immer mit den Buchstaben „www" und die Länderkennung für Deutschland ist „de" am Ende.

3 Tippen Sie die komplette Adresse *www.wien.de* in die noch blau markierte Adresszeile und schließen Sie die Eingabe mit der Taste (Enter) bzw. (←) ab. Die Buchstaben „http", wie sie bei anderen Adressen oft auftauchen, brauchen Sie nicht zu schreiben.

4 Das Ergebnis ist leider sehr bescheiden. Sie finden nur eine Seite, die sich noch im Aufbau befindet (engl.

„Under Construction"). Die Adresse hat sich schon ein Anbieter gesichert, aber er hat noch keine Inhalte hinterlegt.

5 Für die Suche nach einer österreichischen Stadt müssen Sie daher die Länderkennung „de" für Deutschland durch „at" für Österreich ersetzen. Geben Sie die neue Adresse *www.wien.at* ein. Schließen Sie die Eingabe wieder mit ⏎ ab.

6 Sie werden automatisch weitergeleitet zu einer anderen Adresse. Dies ist der Internet-Auftritt der Wiener Stadtverwaltung. Dort können sich nicht nur die Bürger Wiens online (also im Internet, sprich: *onnlain*) nach den Angeboten ihrer Behörden erkundigen.

7 Auch für den Reisenden hält die Stadt Wien interessante Links bereit. Zeigen Sie mit dem Mauszeiger auf den Verweis *Tourismus* und drücken Sie einmal die linke Maustaste.

8 Gleich der erste Link *Wiener Tourismusverband* bietet für Ihre Reisevorbereitung sehr viel Material. Sie können von hier aus noch weitersurfen und sich weitere Seiten anschauen.

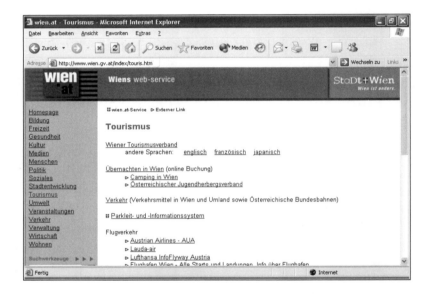

Wenn Sie sich „verklickt" haben, also mit der Maus verrutscht sind, können Sie durch einen Klick auf die Schaltfläche *Zurück* die vorige Seite wieder erreichen! Sollte das nicht zum Erfolg führen, schließen Sie einfach den Internet Explorer und starten ihn neu.

RAT

Fazit

Es lässt sich also sagen: das Adressen-Raten war in diesem Fall ein voller Erfolg. Wenn Sie sich nun auf den Internetseiten der Wiener

Stadtverwaltung über die Sehenswürdigkeiten der Stadt informiert haben, kommt bei Ihnen wahrscheinlich der Wissenshunger nach noch mehr Informationen auf. Auch an dieser Stelle kann Ihnen die Methode des Adressen-Ratens weiterhelfen. Versuchen Sie es mit bekannten Wiener Sehenswürdigkeiten, wie zum Beispiel dem Wiener Prater oder der Hofburg.

Schritt für Schritt – Sehenswürdigkeiten in Wien

1 Klicken Sie wieder in die Adresszeile, tippen Sie *www.prater.at* und dann die Taste ⏎. Es erscheint zuerst ein Begrüßungsbildschirm, dessen Aufbau aufgrund des hinterlegten Bildes einen Moment dauert.

2 Mit einem Klick auf die Begrüßungszeile *Willkommen* werden Sie weitergeführt zur eigentlichen Seite. Es dauert eine ganze Weile, bis sich diese Seite zeigt, denn die Designer haben eine Reihe von grafischen Elementen eingebaut.

RAT

Viele Seiten benutzen bewegte Elemente. Dazu braucht der Internet Explorer zusätzliche Funktionen, die ihm das Programm Java zur Verfügung stellt. Evtl. fordert Ihr Browser Sie zum Laden dieses Programms auf. Auch wenn es einen Moment dauert, tun Sie es ruhig.

3 Es treiben kleine blaue Ballons über den Bildschirm, und auch die Links auf der linken Seite öffnen sich erst langsam, wenn Sie mit der Maus darauf klicken. Probieren Sie es aus.

4 Schauen Sie sich in Ruhe diese Seite an und probieren Sie die verschiedenen Links in den Menüs aus. Sie werden spannende, seltsame und manchmal wahrscheinlich auch uninteressante Seiten finden.

5 Wenn Sie genug Informationen über den Prater bekommen haben, wechseln Sie zum nächsten Ziel in Wien: der Hofburg. Klicken Sie wieder in die Adresszeile, schreiben Sie die Adresse *www.hofburg.at* und beenden Sie die Eingabe mit ⏎.

6 Sie haben gerade die alte Adresse überschrieben, und daher wird jetzt auch einfach die alte Seite überschrieben. Langsam baut sich die neue Seite auf – langsam deshalb, weil erst einmal ein Foto der Hofburg geladen werden muss.

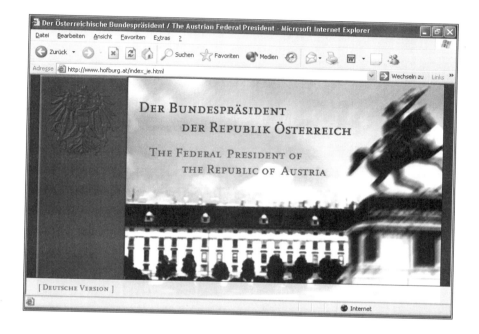

7 Sie sehen den Schriftzug *Der Bundespräsident der Republik Österreich*. Stellen Sie den Mauszeiger darauf und Sie werden erkennen, dass sich der normale Mauszeiger in das „Link-Händchen" verändert. Daher heißt es wieder: klicken.

8 Das Foto der Hofburg wird überlagert von einer Grußbotschaft des Österreichischen Bundespräsidenten, die auch seine E-Mail-Adresse enthält. Auf der linken Seite tauchen jetzt Verweise zu den weiteren Seiten auf.

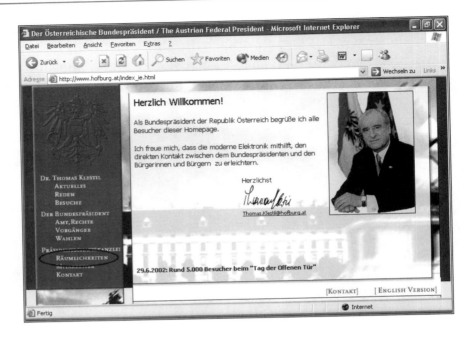

9 Ein Klick auf *Präsidentschaftskanzlei Räumlichkeiten* bringt Sie zu den Unterseiten, auf denen Sie dann alles über die einzelnen Trakte und Räume erfahren können.

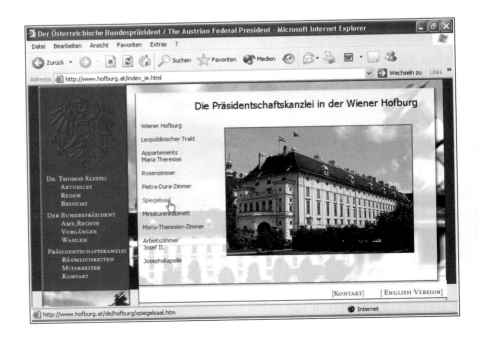

Adressen-Raten hilft nicht immer

Durch die Methode des Adressen-Ratens sind Sie bisher zu sehr guten Suchergebnissen gekommen. Das muss aber nicht immer so sein, wie Sie im Nachfolgenden sehen werden.

Eine der klassischen Attraktionen für jeden Wien-Besucher ist das Hotel Sacher mit seinem Café. Viele Adressen bieten sich zu diesem Thema an:

⇨ *www.hotel-sacher.at*

⇨ *www.hotelsacher.at*

⇨ *www.cafe-sacher.at*

⇨ *www.cafesacher.at*

Wenn Sie aber die Adressen ausprobieren, dann werden Sie entweder auf Seiten geführt, die mit Ihrer Suche zumindest auf den ersten Blick nichts zu tun haben, oder Sie laufen mit dem Hinweis „Die Seite kann nicht angezeigt werden" vollends ins Leere.

Die nahe liegenden Adressen führen in die Irre ...

Aber Sie kennen ja bereits weitere Suchmethoden, und diese werden Ihnen auch zum Beispiel Wien noch viele interessante Seiten und später auch einen Treffer zum Hotel Sacher bringen.

Bisher haben Sie selbst die Ergebnisse Ihrer Suche durch geschicktes Adressen-Raten bestimmt.

Im nächsten Abschnitt können Sie sich die redaktionelle Vorarbeit eines Webkataloges bzw. Verzeichnisses zu Nutze machen.

Schritt für Schritt – Wien aus dem Katalog

1 Als Adresse geben Sie bitte *www.web.de* ein und tippen die ⏎-Taste. Web.de ist vielen Internet-Nutzern als Anbieter kostenloser E-Mails bekannt, bietet auf seiner Seite aber eben auch einen Webkatalog.

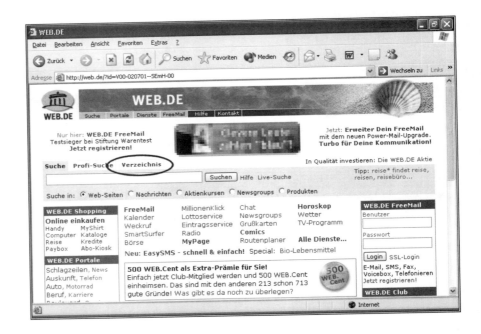

2 Klicken Sie auf den Text *Verzeichnis*. Dadurch öffnet sich die Übersichtsseite für die verschiedenen Kategorien des Katalogs. Hier gibt es die beiden Kategorien *Touristik & Reisen* sowie *Städte & Regionen*. Probieren Sie die erste aus und klicken Sie auf den Schriftzug.

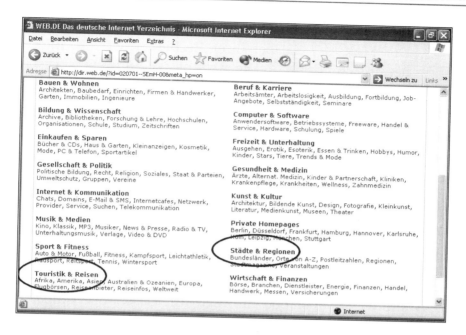

3 Die neue Seite bietet weitere Unterkategorien, so zum Beispiel auch die *Reiseinformation*. Hier finden Sie viele allgemeine Informationen zum Thema Reisen, vom Fahrplanservice der Bahn über Routenplaner mit dem Auto bis zu Impfbestimmungen.

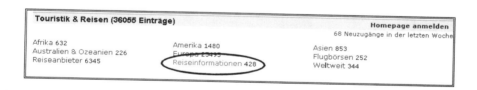

4 Für Ihre Reisevorbereitung sind bestimmt interessante Dinge dabei, nicht jedoch für die gezielte Suche nach „Wien". Also klicken Sie bitte auf die Schaltfläche *Zurück* (oben links in Ihrem Browser), um wieder die Verzeichnisseite von web.de aufzurufen.

5 Klicken Sie dann die Kategorie *Städte & Regionen* an. Der Link, der Sie bei Ihrer Recherche weiterbringt, nennt sich *Orte A-Z*. Die Anzahl der Einträge ist erst mal erschreckend, Sie werden sie noch weiter reduzieren.

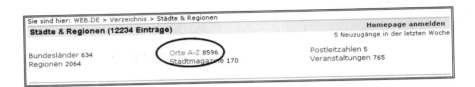

6 In der alphabetischen Liste der nächsten Seite finden Sie auch den Buchstaben „W" für „Wien". Es sind immerhin über 600 Einträge für diesen Buchstaben vorhanden. Wenn Sie auf der neuen Seite ein wenig nach unten fahren, sehen Sie das Ziel.

7 Mit der Suchmaschine Google werden Sie über eine Million Einträge im Internet zum Thema „Wien" finden. Hier sind es ganze 18, die die Redaktion von web.de für ausreichend interessant hält. Wählen Sie Wien durch Anklicken aus.

8 Wenn Sie sich die einzelnen Links ansehen, werden Sie darüber hinaus feststellen, dass längst nicht alle von allgemeinem Interesse sind. Die Auswahl ist, wie bei Menschen üblich, sehr subjektiv.

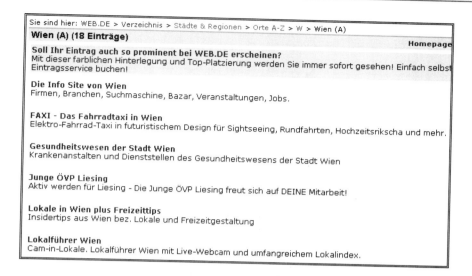

9 Sollte das alles gewesen sein? Nein, eine Änderung der Strategie bringt weitere Ergebnisse. Klicken Sie in die Suchzeile von web.de hinein, schreiben Sie das Wort „wien" und drücken dann die ⏎-Taste.

10 Web.de kennt fast 1.000 Links zum Thema Wien, auch für den Reisenden findet sich hier genügend Lesestoff. Auch hier gilt wieder: Geduld bringt die wichtigen Informationen.

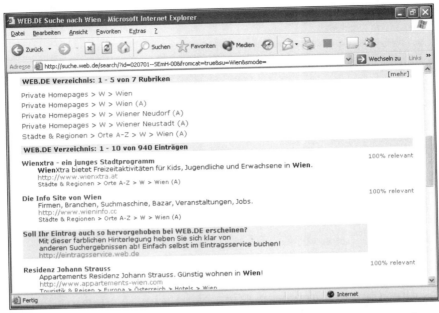

Es gibt viele Suchmaschinen im Internet, darunter auch etliche Spezialisten für besondere Themen oder Such-Strategien. Für die Suche im vorliegenden Beispiel empfehlen wir Google.

Schritt für Schritt – eine Million Mal Wien

1 Klicken Sie in die Adresszeile, schreiben Sie die Adresse *www.google.de* und schließen Sie mit ⏎ ab. Google hat sehr wenige grafische Elemente, und deshalb baut sich die Seite sehr schnell auf.

2 In der Eingabezeile blinkt schon der Cursor (der Strich für die Texteingabe, sprich: *körser*). Sie brauchen nur noch den Suchbegriff „wien" einzugeben. Auch hier gilt wieder: ohne Großschreibung!

3 Für Ergebnisse, die Sie ohne Fremdsprachenkenntnisse lesen können, schränken Sie die Suche ein. Klicken Sie auf den Kreis vor *Seiten auf Deutsch*. Fehlt nur noch ⏎.

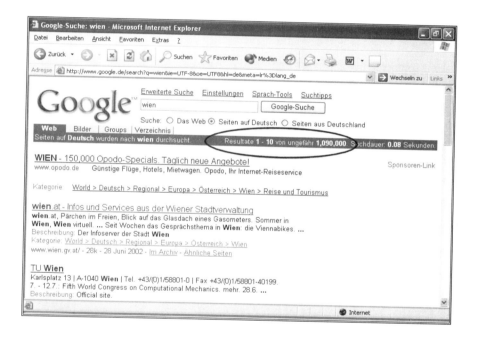

4 In der blauen Zeile sehen Sie, dass Google Ihnen die ersten zehn von über einer Million Treffern anzeigt und zum Durchsuchen seiner Datenbank nur Bruchteile von Sekunden gebraucht hat.

5 Auch Google finanziert sich wie viele andere Internet-Seiten über Werbung, zeigt Ihnen dies aber fairerweise an: Der erste „Treffer" ist farblich gekennzeichnet und als „Sponsoren-Link" ausgewiesen.

6 Das erste nicht bezahlte Suchergebnis kennen Sie schon, es ist der Internet-Auftritt der Wiener Stadtverwaltung. Auch die Seite des Wiener Tourismus-Verbandes findet sich unter den zehn ersten Angeboten.

7 Um sich die nächsten zehn Treffer anzeigen zu lassen, fahren Sie mit der Bildlaufleiste nach unten. Unter dem Schriftzug „Goooooooooogle" finden Sie die Verweise zu den nächsten Seiten. Sie können jetzt auf die 2 oder auf *Vorwärts* klicken.

8 Nun erscheinen die nächsten zehn Treffer, nämlich die Nummern 11 bis 20. Die meisten Nutzer schauen sich maximal die ersten 30 bis 40 Treffer an. Danach wird es einfach zu mühsam, noch gute Treffer zu finden.

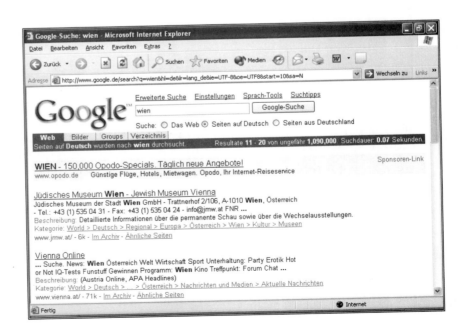

9 Wenn Sie eines dieser Angebote nutzen wollen, z. B. *Vienna Online,* öffnen Sie es wieder in einem neuen Fenster. Dadurch bleibt Ihnen die Suchseite erhalten.

10 Stellen Sie hierfür Ihren Mauszeiger auf den blauen unterstrichenen Link und klicken Sie mit der rechten Maustaste darauf. In dem dann geöffneten Menü wählen Sie *In neuem Fenster öffnen* und klicken es mit der linken Maustaste an.

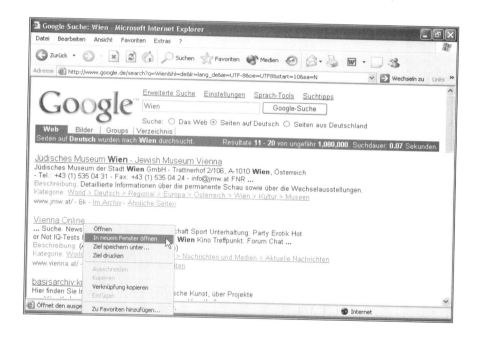

11 Auf diese Art behalten Sie das Browser-Fenster mit den Google-Ergebnissen und bekommen ein zusätzliches mit der Seite *www.vienna.at*. Ganz unten auf Ihrem Bildschirm können Sie nun sehen, dass Sie zwei Fenster geöffnet haben.

RAT

Wenn Sie noch nicht das Betriebssystem Windows XP auf Ihrem Computer haben, oder in Windows XP noch genug Platz in der unteren Zeile ist, dann stehen die beiden Fenster nebeneinander. Das Prinzip ist aber das gleiche.

12 Wenn Sie dort alles Interessante gelesen haben oder feststellen, dass sich dort nichts für Sie findet, können Sie das neue Browser-Fenster schließen und haben wieder die Google-Seite vor sich.

13 Irgendwo unter den über eine Millionen Treffern von Google zum Thema „Wien" sind bestimmt auch Informationen zu den Sehenswürdigkeiten der Stadt zu erreichen. Bis Sie diese gefunden haben, können viele Stunden, wenn nicht Tage vergehen.

14 Deshalb starten Sie eine neue Suche. Klicken Sie in die Suchzeile von Google, löschen Sie das Wort „Wien" und geben Sie „Prater" ein. Die Einstellung „Seiten auf Deutsch" wird von der vorherigen Suche übernommen. Betätigen Sie die ⏎-Taste.

15 In der blauen Zeile zeigt Google wieder die Details seiner Suche. Es werden die ersten zehn Adressen von etwa 18.500 sehr schnell gefundenen Seiten angezeigt.

16 Auch hier finden Sie wieder eine Seite, die Sie vom Adressen-Raten schon kennen: *www.prater.at*, außerdem aber weitere Angebote mit Informationen zum Wiener Vergnügungspark, so z.B. *www.wiener-prater.at*.

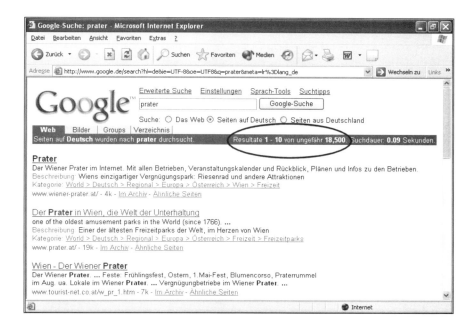

17 Zum Öffnen dieser Seite klicken Sie wieder mit der rechten Maustaste auf das blaue, unterstrichene Wort *Prater* und öffnen ein neues Browser-Fenster.

18 Da die Seite bewegte Bilder benutzt, dauert der Aufbau ein wenig länger. Es muss jeweils nicht nur ein Bild geladen werden, sondern auch jedes einzelne, dass für die Bewegung zuständig ist.

19 Wenn Sie sich alles Interessante angesehen haben, können Sie das neue Browser-Fenster wieder schließen. Es taucht ein kleineres Fenster auf, um Sie zu verabschieden. Auch dieses lässt sich einfach wegklicken.

20 Probieren Sie das gleiche Verfahren mit weiteren Treffern der Google-Seite aus, oder lassen Sie Google nach der Hofburg suchen. Geben Sie aber nicht nur „hofburg" sondern auch „wien" als Suchwort ein.

Mit der Methode des Adressen-Ratens ergaben sich ja keine guten Suchergebnisse zum Hotel Sacher in Wien. Da „Sacher" ein Eigenname ist, der im Internet häufiger vorkommen kann, geben Sie in der Suchzeile von Google bitte zwei Wörter ein: „wien" und „sacher". Tippen Sie dann wieder die ⏎-Taste. Google wird jetzt alle Seiten anzeigen, auf denen beide Begriffe vorkommen.

Google findet auch die Internetadresse des Hotel Sacher.

Jetzt sehen Sie, warum Ihre Suche per Adressen-Raten nicht erfolgreich war: Das Hotel Sacher firmiert im Internet unter *www.sacher.com.*

Wenn Sie lieber von zu Hause aus eine Fahrt in einem Wiener Fiaker planen wollen, probieren Sie als Suchbegriffe „wien" und „fiaker", oder kombinieren Sie weitere Wiener Attraktionen zu Suchwörtern, so z. B. „wien" und „stephansdom".

Zur Erinnerung

⇨ Probieren Sie die vielen Möglichkeiten auch mit eigenen Themen aus.

⇨ Sie werden erstaunt sein, was es alles gibt. Und nicht zu schnell aufgeben, nicht immer führt der erste Weg direkt zum Erfolg.

⇨ Wien ist eine schöne Stadt, und zur Einstimmung oder um Erinnerungen zu wecken, nutzen Sie doch die vielen Seiten zu Wien.

⇨ Lassen Sie sich nicht durch Werbung in die Irre führen, übersehen Sie diese wie jeden Tag in der Zeitung.

Wissen ist Macht – nichts wissen macht auch nichts!

Los geht's

⇨ Man muss nicht alles wissen, man muss nur wissen wo es steht.

⇨ Im Internet stehen wirklich viele Informationen bereit – zu allen Wissensbereichen!

⇨ Wie Sie dieses Wissen im Internet finden, das erfahren Sie im vorliegenden Kapitel.

⇨ Ein Lexikon macht sich gut im Schrank, aber das Internet ist bestimmt aktueller.

Wer wird Millionär?

Kennen Sie Tenzing Norgay? Ja? Kannten Sie ihn auch schon vor der Millionen-Frage bei „Wer wird Millionär"? Wir nicht, aber wir hätten ihn in 30 Sekunden gefunden. Gut, das Klappern der Tastatur hätte uns verraten, und so wären wir dann wohl auch nicht als Telefon-Joker zu gebrauchen gewesen. Vielleicht lässt auch Sie ja hin und wieder die Allgemeinbildung im Stich, dann bietet dieses Kapitel die Lösung.

Die Fragestellung lautet: „Wie hieß der Sherpa von Sir Edmund Hillary bei der Erstbesteigung des Mount Everest?"

Anhand dieser Frage werden Sie lernen, mit welchen Suchstrategien Sie ziemlich schnell zu einem Ergebnis kommen – es muss ja nicht unbedingt in 30 Sekunden klappen.

Schritt für Schritt – schneller als Günther Jauch

1 Versuchen Sie es zuerst mit dem „Adressen-Raten", tippen Sie bitte als Adresse *www.mount-everest.de* und dann wie immer ⏎. Das Ergebnis ist verblüffend: Sie sehen nur Werbung für Kaffee!

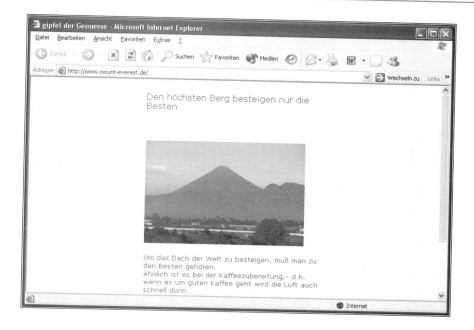

2 Der nächste Versuch ist internationaler. Nutzen Sie die Länderkennung „com". Die Adresse lautet also: *www.mount-everest.com* – eine automatische Umleitung bringt Sie zu einer Seite mit deutschem Text.

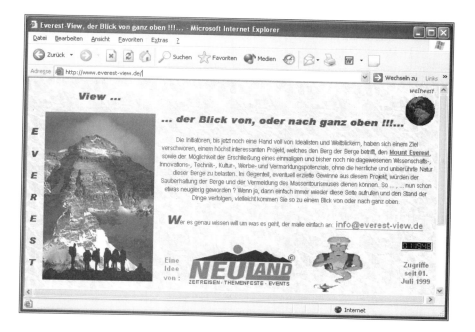

3 Haben Sie es schon geschafft, nach so kurzer Zeit? Nein, leider nicht; zwar gibt es rechts im Text einen Link *Mount Everest*, auch das Foto links verspricht eine Weiterleitung zu den gesuchten Informationen, aber beide führen in die Irre.

4 Sie werden zu einer Firmenseite geführt, die mit der gestellten Frage nichts zu tun hat, bzw. zu der Meldung, die Seite könne nicht angezeigt werden. So etwas nennt man einen „toten Link". Schade!

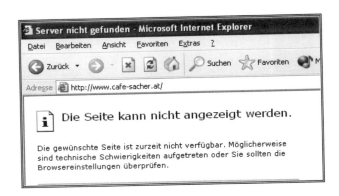

5 Auch wenn Sie noch weitere Länderkennungen ausprobieren, bringt Sie das nicht wirklich weiter. Die Kennung „org" für Organisationen bringt Sie zur Homepage eines Whisky-Brenners.

6 Sie sehen ein typisches Merkmal für das Internet. Es gibt keine Kontrolle über hinterlegte Inhalte. Die Kennungen am Ende der Adressen entsprechen eigentlich nicht den gültigen Regeln – aber wo kein Richter ist, da kann man sich auch nicht beklagen ...

7 Vorläufiges Fazit: Adressen-Raten ist bei Wissensfragen wohl die falsche Methode. Versuchen Sie es mit der Suchmaschine: Geben Sie in die Adresszeile des Internet Explorers *www.google.de* ein und tippen Sie die ⏎-Taste.

8 Für die gezielte Suche nutzen Sie direkt mehrere Suchbegriffe. Dies schränkt die Trefferzahl massiv ein. In die Suchzeile von Google schreiben Sie die Suchbegriffe „mount", „everest" und „erstbesteigung". Nicht vergessen: ⏎ drücken!

9 Gleich die erste Ergebnis-Seite beantwortet die Frage, ohne dass Sie die zugehörigen Internetseiten aufrufen müssen. Schon in der Kurzbeschreibung der Treffer-liste finden Sie die Antwort:

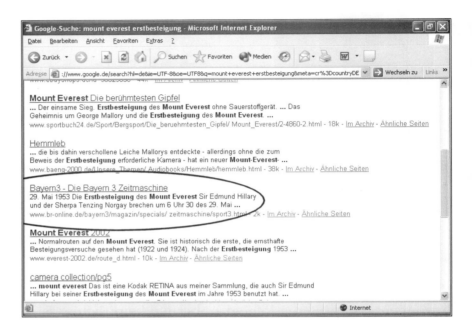

Wenn Sie den Katalog web.de testen wollen, tippen Sie die Adresse *www.web.de* ein, dann drücken Sie die Taste ⏎ und tragen die gleichen Suchbegriffe ein: also „mount", „everest" und „erstbesteigung". Auch hier kommt das gleiche Ergebnis. Ohne die einzelnen Treffer wirklich aufrufen zu müssen, ergibt sich die Lösung schon aus der Beschreibung der Seiten. Wenn Sie sich die Ergebnisseite genauer ansehen, erkennen Sie auch den Grund für die Ähnlichkeit: web.de hat in seinem Verzeichnis keinen Treffer gefunden und daher sofort Google zur Suche benutzt.

Google ist also eine echte Finde-Maschine. Der Vorteil liegt bei dieser Suchmaschine klar in der Gewichtung und damit Sortierung der Treffer. Die besten Treffer stehen wirklich meist sehr weit oben und sind daher schnell erreicht.

Probieren Sie als Nächstes eine Frage zum Thema Internet.

Schritt für Schritt – woher kommt die Länderkennung „tv"?

1 Starten Sie den Internet Explorer und rufen Sie Google über *www.google.de* auf. Tragen Sie als Suchbegriffe „Länderkennung" und „tv" ein. Die ⏎-Taste startet wie immer die Suche.

> Internetseiten, die so nützlich sind wie Google oder web.de, werden Sie immer wieder aufrufen. Fügen Sie solche Seiten Ihren Favoriten hinzu!

RAT

2 Schon der erste Eintrag führt Sie zum Ziel. Bereits in der Kurzbeschreibung zeigt sich, dass es sich um einen kleinen Inselstaat handeln muss. Ein Klick auf den Link führt Sie zu den Details.

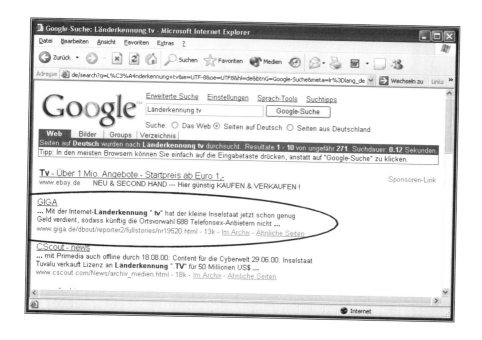

3 Die wichtigsten Daten zu diesem Thema und zu diesem Inselstaat finden Sie auf dieser Seite. Die Regierung lebt hauptsächlich von der „Vermietung" der Länderkennung.

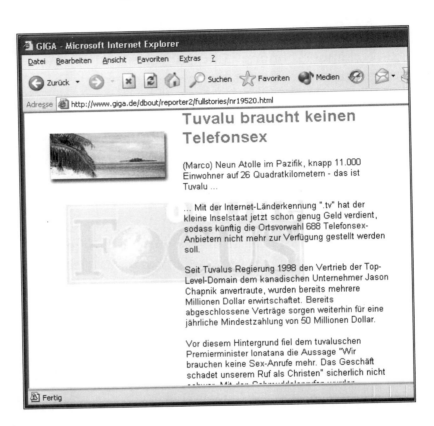

Der Unterschied zwischen Suchmaschinen und Wissensportalen

Über die Suchmaschinen finden Sie sehr schnell Informationen zu den verschiedenen Bereichen. Nicht immer sind die Ergebnisse ausreichend, um den Wissenshunger zu stillen. Oft erhalten Sie nur oberflächliche Auskünfte und keine Hintergrundinformationen.

Diese sind auch nicht einfach zu bekommen. Das Internet steht an vielen Stellen für kurzlebige, schnelle Informationen. Daher werden viele Themen nicht in der Tiefe behandelt. Besonders schwer ist es, eine Sammlung von solchen ausführlichen Informationen zu bekommen. Oft finden Sie wieder nur Einzelseiten, die sich mit einem Thema näher auseinander setzen.

Einige Firmen haben es sich dennoch zur Aufgabe gemacht, eine Form von Nachschlagewerken ins Internet zu stellen. Bei diesen Wissensportalen sollen Sie über Suchbegriffe nahezu alle Themen nachschlagen können. Günther Jauch macht in seiner Sendung „Wer wird Millionär" daher auch immer Werbung für die Internetseite *www.wissen.de* – auf die Adresse hätten Sie auch selber kommen können! Sie bietet sich geradezu an zum Adressen-Raten.

Die Seite selbst ist wieder reichlich mit Werbung bestückt, die wir hier unkenntlich gemacht haben. Wie in anderen Beispielen zuvor, gibt es auch hier wieder eine Eingabezeile, in die Sie Ihre Suchwörter eingeben können. Probieren Sie noch einmal die Suche nach dem Mount Everest.

Wissen.de bietet Lexikoneinträge zu vielen Stichworten.

Nachdem auf der nächsten Seite die Auswahl bestätigt wurde, sehen Sie das eher magere Ergebnis. Trotzdem wird selbst die eingangs gestellte Millionen-Frage beantwortet.

Everest

Mount Everest

tibetisch *Chomolungma,* nepales. *Sagarmatha* ["Göttin-Mutter der Erde"] der höchste Berg der Erde, im Himalaya an der Grenze zwischen Nepal und Tibet, 8846 m hoch; Nationalpark (Weltnaturerbe seit 1979); 1953 von dem Neuseeländer Sir E. Hillary und dem Sherpa *Tenzing Norgay* erstmalig erstiegen.

Der Eintrag in *www.wissen.de* zur Suche nach „Mount Everest"

Ein weiteres Wissensportal wird von der Firma Microsoft (sprich: *maikrosoft*) betrieben. Diese Firma vertreibt auch den Internet Explorer und das Betriebssystem Windows. Microsoft bieten Ihnen einerseits sein Produkt „Encarta" zum Kauf an. Sie erhalten einige CDs für den Computer und können dann in einem sehr umfangreichen Lexikon suchen. Andererseits bietet sie eine vereinfachte Version auch im Internet an (*www.encarta.de*). Über die Suchfunktion auf der ersten Seite gelangen Sie auch hier zu einer Trefferliste. Zum Thema „Mount Everest" findet dieses Nachschlagewerk wesentlich mehr.

Unter dem ersten Treffer in der Liste finden Sie eine detaillierte Beschreibung zum höchsten Berg der Erde. Auch der Erstbezwinger Sir Edmund Hillary wird genannt, aber sein Begleiter wird nicht namentlich erwähnt. Erst wenn Sie wieder zurück in die Trefferliste gehen und dort weiter unten den Link zu Sir Hillary auswählen, erfahren Sie mehr über seinen Helfer.

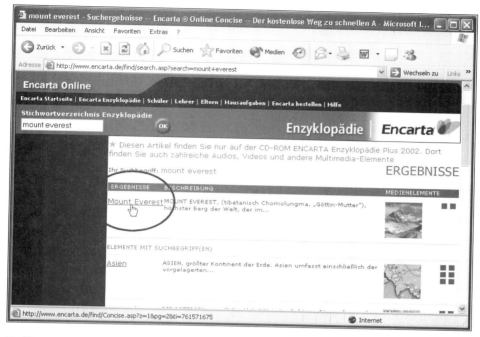

Treffer zu „Mount Everest" im Wissensportal *www.encarta.de*

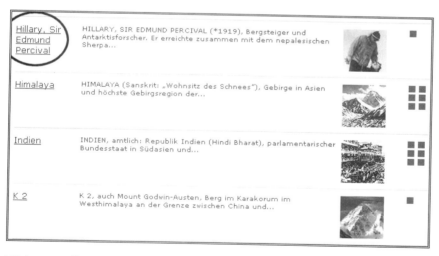

Weitere Treffer zu „Mount Everest" unter *www.encarta.de*

Bei einigen Themen wird es Ihnen passieren, dass Sie auf der Internetseite keine weiteren Informationen angezeigt bekommen. Microsoft wird Sie dann darauf hinweisen, dass Sie die CDs kaufen können. Leider kostet selbst die einfache Variante bereits 60 Euro.

Zur Erinnerung

⇨ Günther Jauch stellt immer wieder spannende Fragen – ab sofort finden Sie die passende Antwort!

⇨ Nicht hinter jeder Adresse stecken auch die Informationen, die man aus der Adresse schließen könnte. Manchmal ist es einfach nur Werbung.

⇨ Mit Suchmaschinen finden Sie nicht nur Internetseiten, sondern auch Antworten auf Wissensfragen.

⇨ Wissensportale liefern auch nicht mehr als Suchmaschinen – manchmal führen sie allerdings schneller zum Ziel.

⇨ Das gute alte Lexikon darf weiter seine Dienste leisten, nur für die aktuellen Fragen werden Sie zukünftig das Internet bemühen.

Wer hat die Telefonnummer von Günther Jauch?

Los geht's

⇨ Sie sehen an einem Beispiel, wie Sie Informationen über Prominente oder persönliche Bekannte im WWW finden.

⇨ Sie erfahren, wie einfach es ist, in ganz Deutschland Adressen oder Telefonnummern in Erfahrung zu bringen.

⇨ Die alte Schulfreundin von damals oder der Studienkollege von der Universität wohnt schon lange nicht mehr unter der alten Adresse, ...

⇨ ... aber vielleicht finden Sie die neue Adresse über das Internet!

Günther Jauch im Internet

Sie können bereits die Fragen von Günther Jauch beantworten, aber über den Moderator selbst wissen Sie gar nicht so viel. Das lässt sich bestimmt ändern. Über eine öffentliche Person wie Günther Jauch gibt es bestimmt reichlich Informationen im Internet zu finden.

Sie nutzen einfach wieder die bekannten Suchmethoden in der normalen Reihenfolge, Sie beginnen mit Adressen-Raten.

Unter der Adresse *www.guentherjauch.de* werden Sie leider nicht fündig. Die Adresse kann nicht angezeigt werden, d.h. es gibt auch noch keinen Anbieter, der diese Adresse belegt hat. Bei Adressen mit Personennamen ist es meist üblich, den Vor- und Nachnamen mit einem Bindestrich zu trennen. Bei Eingabe von *www.guenther-jauch.de* bekommen Sie folgendes Ergebnis:

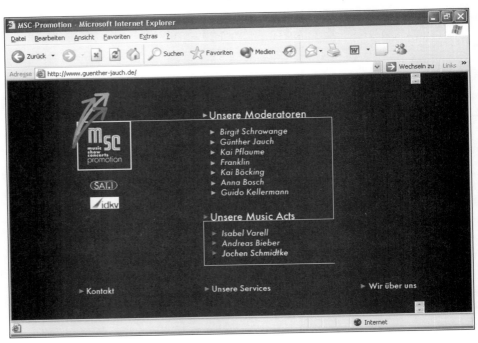

Hier ist zumindest der Name erwähnt: Günther Jauch auf der Seite seiner Agentur.

Sie sind auf der Seite der Agentur gelandet, die Günther Jauch vertritt. Es gibt also gar keine eigene Seite von ihm persönlich, sondern nur über seine Agentur. Nach Auswahl seines Namens erscheinen einige wenige Informationen.

Die Agenturseite bietet eine spärliche Vorstellung des Prominenten.

Selbst die Auswahl der Sendetermine bringt keine weiteren aktuellen Informationen. Die Ausbeute auf dieser Seite ist mehr als mager. Sie wollten eigentlich mehr Informationen über Günther Jauch haben und ihn nicht direkt buchen.

Probieren Sie also die nächste Suchvariante. Geben Sie den Vor- und Nachnamen in einen Katalog wie web.de ein. Im Verzeichnis von web.de gibt es keinen einzigen Eintrag zu diesen Suchwörtern, daher wird Ihnen das Ergebnis der Suchmaschine Google angezeigt.

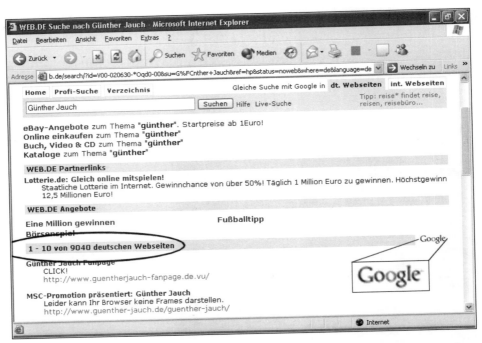

Die Suche in web.de nach Günther Jauch führt direkt zur Suchmaschine Google.

Daher können Sie auch direkt Google benutzen, da diese Seite viel übersichtlicher ist als die von web.de. Sie finden auf der Seite von Google so gut wie keine Werbung und wesentlich weniger unnötige Grafiken.

Bei der Eingabe der Suchwörter in *www.google.de* können Sie die Suche auch direkt auf deutsche Seiten einschränken. Bevor Sie die Schaltfläche *Google-Suche* auswählen, klicken Sie einmal auf die Wörter *Seiten in Deutsch*.

Sucheingabe bei *www.google.de*

Laut Google gibt es über 9.000 Internetseiten zu Günther Jauch.
Dies ist bei seinem Bekanntheitsgrad auch nicht weiter verwun-
derlich. Interessant sind aber nicht alle Treffer, sondern nur die
ersten in der Liste. Sie wollen ja schließlich nicht alle Treffer durchgehen.

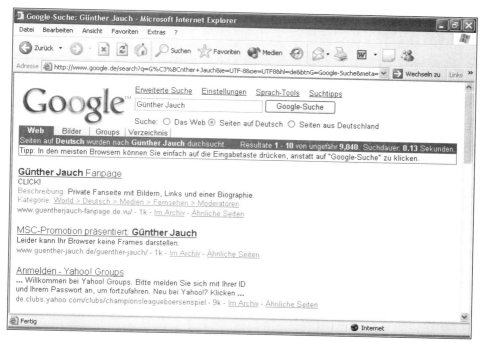

Suchergebnis in *www.google.de* bei der Suche nach Günther Jauch

Bereits der erste Treffer sieht sehr viel versprechend aus. Internetseiten, die Fans erstellt haben, enthalten oft sehr detaillierte Informationen. Der zweite Link führt Sie nur wieder auf die bereits bekannte Seite der Agentur. Daher testen Sie einfach mal den ersten Link.

Die Fanseite *www.guentherjauch-fanpage.de.vu* verrät schon mehr über Günther Jauch.

RAT

Die Adresse dieser Seite hat noch eine Besonderheit. Sie endet fast wie eine normale deutsche Adresse, hat dann aber doch noch ein „.vu" angehängt. Sie ist daher gar nicht als deutsche Seite, sondern in dem Land Vanuatu (Insel vor Australien) registriert.

Auf dieser Seite kommen Sie schon weiter, denn über das Menü in der linken Spalte kommen Sie zu den Seiten *Biographie* und *Infos*. Dort verstecken sich interessante Informationen zum bekannten Moderator.

Biographie von Günther Jauch:

Günther Jauch wurde am 13. Juli 1956 in Münster geboren und wuchs in Berlin auf. Nach dem Abitur besuchte er die Münchner Journalistenschule und studierte Politik und Neuere Geschichte. Seine journalistische Laufbahn begann Günther Jauch 1975 als freier Mitarbeiter beim RIAS Berlin Sportfunk. 1977 wechselte er in die Sportredaktion des Bayerischen Rundfunks (BR). Später war er als "Zeitfunk"-Redakteur und Hörfunk-Korrespondent des BR in Berlin tätig.

Ab Juli 1985 arbeitet er mit Thomas Gottschalk für die "B3-Radioshow", die damals neu auf Sendung ging. Jauch bearbeitete den journalistischen Teil der Sendung, Gottschalk war für das musikalische Programm zuständig. Erste TV-Erfahrung sammelte der damals 29 jährige als TV-Reporter bei "Rätselflug", und er war

Aus dem Lebenslauf des Moderators ...

Sollten Ihnen die Informationen von dieser Fanseite noch nicht genügen, dann können Sie die nächsten Treffer bei Google betrachten und hier nach weiteren Quellen suchen. Für die konkrete Suche nach gezielten Informationen müssen Sie Ihre Suche noch weiter einschränken, indem Sie zu den Suchwörtern „Günther Jauch" noch weitere hinzufügen.

Und so finden Sie Privatpersonen

Eine Person aus der Öffentlichkeit im Internet zu finden, scheint kein Problem zu sein. Schwieriger wird es aber, wenn Sie die Telefonnummer oder Adresse einer Privatperson suchen. Solche Daten sind nicht öffentlich im Internet hinterlegt, da nicht jeder eine Internetseite sein Eigen nennt. Selbst wenn dies so wäre, würde nicht überall die private Adresse verzeichnet sein.

Fast jeder gibt seine Anschrift und Telefonnummer aber der deutschen Telekom bekannt, sobald ein Telefonanschluss beantragt wird. Normalerweise müssen Sie jetzt ein Telefonbuch wälzen, damit Sie die gewünschten Informationen finden. Sollte die gesuchte Person in eine andere Stadt verzogen sein, brauchen Sie auch noch weitere Telefonbücher. Wenn Sie allerdings eine alte Schulfreundin wieder finden wollen, dann können Sie ja nicht alle Telefonbücher Deutschlands durchgehen.

Die Telekom bzw. der für die Telefonbücher zuständige Verlag stellt aber seine komplette Datenbank ins Internet. Unter der Adresse *www.telefonbuch.de* finden Sie direkt das Suchformular für die Suche in allen Telefonbüchern für Deutschland.

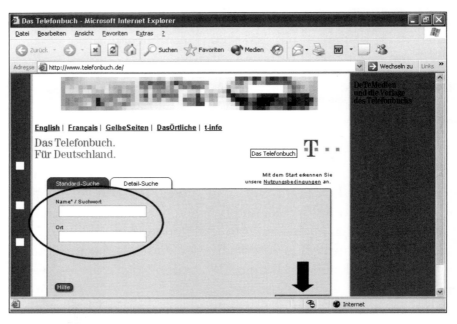

Das Telefonbuch für ganz Deutschland steht im Internet.

Bei der Standardsuche brauchen Sie nur einen Namen oder Suchbegriff und nach Wunsch auch einen Ort einzugeben. Die Schaltfläche *Suchen* finden Sie erst, wenn Sie mit der Bildlaufleiste nach unten blättern (siehe Pfeil).

RAT

Durch Aufruf der Seite wird im Hintergrund automatisch ein neues Fenster geöffnet. Dieses beinhaltet ständig wechselnde Werbung. Lassen Sie dieses während Ihrer Suche einfach geöffnet und schließen Sie es später mit dem Suchfenster zusammen.

Sie können einmal testen, wie viele Personen es in Deutschland gibt, die auch den Namen „Günther Jauch" tragen.

Schritt für Schritt – Suche nach Telefonnummern und Adressen

1 Rufen Sie die Seite *www.telefonbuch.de* auf und klicken Sie auf *Detail-Suche* (siehe oben). Dadurch können Sie Ihre Suche besser einschränken. Geben Sie die Ihnen bekannten Informationen ein.

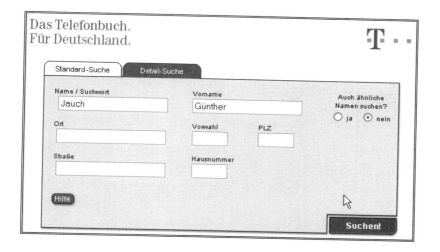

2 Mehr als Vor- und Nachnamen kennen Sie nicht, und daher können Sie direkt auf die Schaltfläche *Suchen* klicken. Die Suche kann je nach Umfang Ihrer Anfrage einen Moment dauern.

Sollte Ihre Umfrage zu ungenau sein, dann erhalten Sie gar keine Ergebnisse. Ab bestimmten Trefferzahlen gibt es keine Treffer, sondern Sie müssen die Suche weiter einschränken.

RAT

3 Immerhin gibt es über 140 eingetragene Personen, die auch Jauch, G. Jauch oder sogar Günther Jauch heißen. Die Adresse vom Moderator werden Sie hier nicht finden, er hat bestimmt eine Geheimnummer.

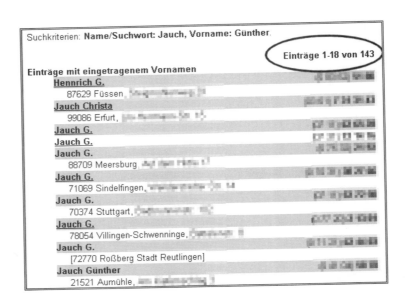

4 Die genauen Adressen und Telefonnummern sind in der Abbildung aus Datenschutzgründen unkenntlich gemacht.

Günther Jauch ist bestimmt nicht Ihre alte Schulfreundin, aber wenn Sie alle von ihr noch bekannten Informationen in dieses elektronische Telefonbuch eingeben, werden Sie sie vielleicht finden. Sollte sie allerdings nicht nur umgezogen sein, sondern auch noch den Nachnamen geändert haben, wird es leider sehr schwierig. Aber hier können ganz altbewährte Methoden helfen. Fragen Sie über den alten Bekanntenkreis nach ihr und lassen Sie dem Computer auch mal eine Pause ...

Zur Erinnerung

⇨ Fans hat fast jeder Prominente, und mindestens einer der Fans kennt sich auch im Internet aus. Diese Internetseiten lohnen sich häufig.

⇨ Informationen zu bekannten Persönlichkeiten finden Sie im Internet leicht, ...

⇨ ... die private Anschrift oder gar die Telefonnummer von Prominenten ist hingegen meist nicht öffentlich.

⇨ Die Adresse und Telefonnummer von Privatpersonen finden Sie allerdings ganz schnell im Internet-Telefonverzeichnis.

⇨ Jetzt müssen Sie sich nur noch trauen die Schulfreundin auch anzurufen ...

Fahrpläne und Routenplaner

Los geht's

⇨ Sie haben die Adresse Ihrer Schulfreundin gefunden. Jetzt werden Sie lernen, wie Sie im WWW die beste Zugverbindung zu ihr finden.

⇨ Auch vor Ort soll es mit Bus und Bahn weitergehen, daher brauchen Sie jetzt noch den richtigen Busfahrplan.

⇨ Neben der Bahnverbindung können Sie Ihre Reise natürlich auch mit dem Auto planen und die beiden Varianten vergleichen.

⇨ Das Internet bietet Ihnen auch hier viele Möglichkeiten, die das umständliche Kartenblättern wesentlich vereinfachen.

⇨ Die Planung ist schnell gemacht und kann immer wieder variiert werden.

⇨ Sie erledigen nicht nur die grobe Planung im Internet. Sie können sich auch die Detailplanung in der Zielstadt anzeigen lassen.

Der Fahrplan der Deutschen Bahn

Über das Reiseziel Wien haben Sie sich bereits umfassend informiert. Nur der Weg dorthin ist Ihnen noch unklar. Sie sind sich vielleicht auch noch nicht sicher, ob Sie lieber das Auto oder die Bahn benutzen sollen. Sicher ist nur, dass Sie auf dem Hinweg über München fahren wollen, da Sie dort eine kurze Zwischenstation einlegen möchten

Über das Internet können Sie sich nun eine Bahnverbindung für die Reise nach München suchen. Die Deutsche Bahn stellt Ihnen für solche Zwecke das passende Formular im Netz zur Verfügung.

Probieren Sie zum Beispiel die Adresse *www.deutschebahn.de* aus. Sie werden automatisch auf die Adresse *www.bahn.de* der Deutschen Bahn AG weitergeleitet.

Die Internet-Reiseauskunft der Deutschen Bahn

Die Deutsche Bahn AG hat sich viele Internetadressen gesichert und von allen Seiten eine Weiterleitung auf *www.bahn.de* eingerichtet. Sie finden die Bahn daher auch unter:

⇨ *www.db.de*

⇨ *www.deutschebahn.de*

⇨ *www.deutsche-bahn.de*

⇨ *www.fahrplanauskunft.de*

Bereits auf der Startseite der Deutschen Bahn können Sie Ihre Fahrplanwünsche eingeben. Wieder bekommen Sie eine Schritt-für-Schritt-Anleitung. Die Autoren kommen beide aus der Stadt mit der Schwebebahn: Wuppertal. Daher bezieht sich die Anleitung auf eine Zugverbindung von Wuppertal nach München.

Benutzen Sie in dem folgenden Beispiel Ihre eigene Heimatstadt als Startort. Ersetzen Sie einfach immer Wuppertal durch Ihre eigene Stadt. Sie werden dadurch individuelle Fahrpläne erhalten.

RAT

Schritt für Schritt – Bahnauskunft von Wuppertal nach München

1 Öffnen Sie die Seite der Deutschen Bahn unter *www.bahn.de*. Geben Sie in der linken Spalte als Abfahrtsort Ihren Wohnort und als Zielort München ein. Als Datum wählen Sie eine gewünschte Reisezeit.

2 Klicken Sie anschließend auf *Suchen*. Auf der folgenden Seite sehen Sie nun die Auskünfte der Bahn zu der gesuchten Verbindung. Die Ergebnisliste bietet noch weitere Möglichkeiten.

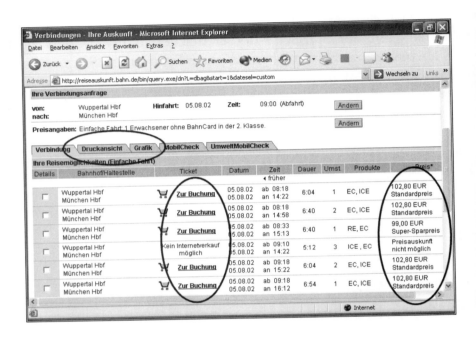

3 Sie erhalten für beinahe jede Verbindung eine Preisauskunft sowie die Möglichkeit der Online-Buchung. Die Buchung per Internet lohnt sich nur für Vielfahrer, da sie mit einigem Aufwand verbunden ist.

4 Über die Karteireiter (siehe oben) sind weitere Informationen und Funktionen verfügbar. Die Druckansicht zeigt Ihnen die Internetseite ohne viele Grafiken. Klicken Sie einmal auf die *Druckansicht*.

5 Die Seite in der Druckansicht können Sie über die Druckfunktion des Internet Explorers zu Papier bringen. Wählen Sie hierfür das Drucker-Symbol aus. Sie brauchen keine weiteren Einstellungen vorzunehmen.

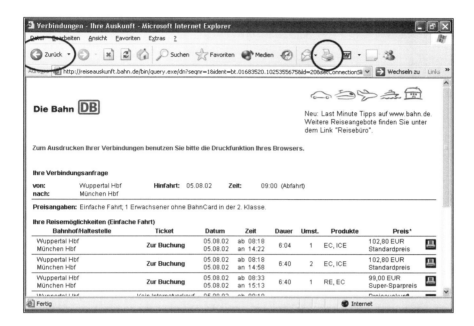

In der hier gezeigten neuesten Version des Internet Explorers sehen das Drucksymbol und die gesamte Symbolleiste leicht verändert aus. Sie können die Funktionen allerdings mit allen Versionen nutzen.

RAT

6 Über die Schaltfläche *Zurück* kommen Sie wieder in die vorherige Ansicht. Hier können Sie sich auch eine grafische Ansicht Ihrer Verbindungen anschauen. Klicken Sie dazu auf den Reiter *Grafik*.

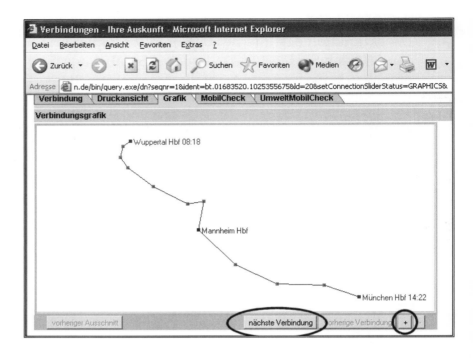

7 Über die Schaltfläche „+" werden Ihnen weitere Zwischenstationen ausgedruckt. Mit *nächste Verbindung* sehen Sie nacheinander die verschiedenen vorher als Text angezeigten Verbindungen.

Mit Bus und Bahn in München

Dank der Bahnverbindung sind Sie nun in München angekommen, aber innerhalb von München wollen Sie sich ja auch noch bewegen. Daher brauchen Sie noch eine Möglichkeit, sich über die Bus- und U-Bahn-Verbindungen zu informieren.

Mit der Methode Adressen-Raten kommen Sie hier nicht weiter, da eine sehr spezielle Seite gesucht wird. Der nächste Versuch sollte daher mit einem Katalog gestartet werden. Die Auswahl der Suchwörter müssen Sie gut bedenken, da sonst die Ergebnisse nicht die gewünschte Seite bringen. Nur der Begriff „München" ist als Suchwort zu wenig, da die Trefferzahl viel zu groß werden würde. Als zusätzliches Suchwort könnten Sie es mit „Fahrplan" probieren. Bei Eingabe beider Stichwörter in den Katalog web.de erhalten Sie folgendes Ergebnis. Leider führt Sie dies nicht zur gesuchten Seite über Busverbindungen in München.

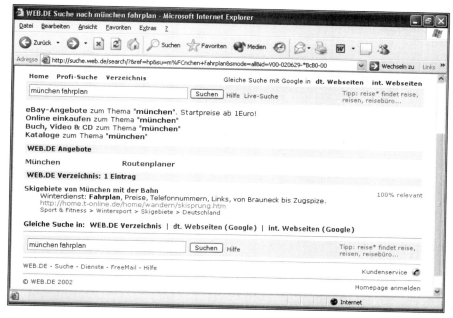

Suche in *www.web.de* nach „münchen" und „fahrplan"

Auch mit anderen Suchwörtern kommen Sie bei *www.web.de* nicht zum Erfolg: Die gesuchte Seite scheint in diesem Verzeichnis nicht abgelegt zu sein.

> Lassen Sie sich nicht entmutigen, wenn die ersten Suchschritte nicht zum gewünschten Erfolg führen. Durch die Struktur des WWW sind einige Seiten nicht im ersten Versuch zu finden.

RAT

Daher sollten Sie nun zum nächsten Schritt in der Suchstrategie übergehen. Geben Sie die gleichen Suchwörter in die Suchmaschine Google ein. Bereits der erste Link führt zum Ziel. Er verweist auf die Seite des Münchener Verkehrsverbundes unter *www.mvv-muenchen.de* – diese Adresse hätten Sie als Nicht-Münchner nicht durch Raten gefunden!

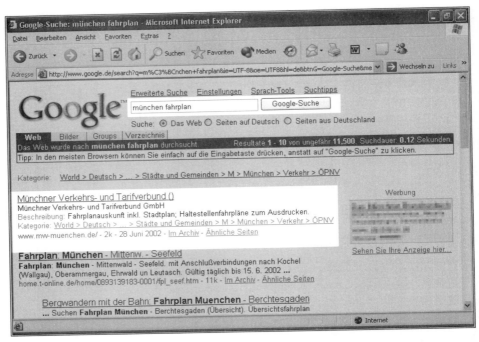

Suche in *www.google.de* nach „münchen" und „fahrplan"

Die Fahrt mit der Deutschen Bahn führt Sie nur bis zum Haupt-
bahnhof. Sie sind aber mit Ihren Freunden im Englischen Garten
am Chinesischen Turm verabredet und möchten direkt vom Bahnhof dorthin fahren. Daher suchen Sie nun nach der passenden Verbindung.

Schritt für Schritt – mit dem Nahverkehr vom Münchener Hbf zum Englischen Garten

1 Rufen Sie die Internetseite des Münchener Verkehrsverbundes mit der Adresse *www.mvv-muenchen.de*
auf. Hier finden Sie schon auf der Startseite in der linken Spalte die Möglichkeit, Ihre Fahrtwünsche einzu-
tragen.

2 Die Fahrplanauskunft geht über München hinaus, und daher reicht es nicht, nur die Haltestellen einzugeben. Sie müssen auch in der Zeile *von* den Ort München eintragen.

3 Tragen Sie „Hbf" als Haltestelle ein. Das Ziel ist wieder München, die Haltestelle ist „Englischer Garten". Der Text passt nicht ganz in die Zeile, geben Sie ihn trotzdem komplett ein.

4 Die Abfahrtszeit entspricht Ihrer Ankunft mit der Bahn in München, zuzüglich der Umsteigewege. Wenn Sie alles eingegeben haben, brauchen Sie nur noch auf das blaue Feld *Suche* zu klicken.

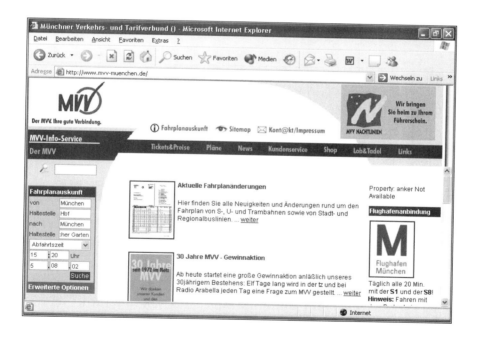

5 Das Ergebnis zeigt Ihnen zuerst in der Übersicht die verschiedenen möglichen Fahrten sowie deren Kosten an. Sie finden hier bereits viele wichtige Informationen.

6 Durch Auswahl einer Fahrt, z. B. mit einem Klick auf *3. Fahrt*, erhalten Sie den detaillierten Plan mit allen Bezeichnungen der Haltestellen und der Linien.

7 Sogar die Haltestellennamen sind wieder Links, d. h. sie führen Sie noch weiter. Daher klicken Sie bitte auf die Haltestelle *Giselastraße* und auf der anschließenden Seite auf die Schaltfläche *Stadtplan*.

8 Nun sehen Sie den Umgebungsplan der Haltestelle und können sich hier orientieren, in welche Richtung Sie von der Haltestelle aus gehen müssen. Der Weg zum Treffpunkt ist deutlich zu erkennen.

9 Sie können sich diesen Stadtplan ausdrucken, indem Sie mit der rechten Maustaste auf den Plan klicken. Im Menü finden Sie nun den Menüpunkt *Bild drucken*.

10 Im anschließenden Druckmenü können Sie bei Bedarf den passenden Drucker auswählen. Meist reicht es aus, wenn Sie direkt mit *OK* bestätigen. Schon haben Sie Ihren Plan für unterwegs ausgedruckt.

Der eigene Verkehrsverbund

Das Beispiel zeigt Ihnen nur den Verkehrsverbund in München und hilft Ihnen daher auch nur dort weiter. Sie wohnen vielleicht in einer ganz anderen Region und wollen auch dort die Busverbindungen online finden.

RAT

Probieren Sie mal, Ihre lokale Busverbindung im Internet zu finden. Sie werden teilweise auf ganz neue und interessante Möglichkeiten stoßen, wie Sie bekannte Ziele auf neuen Wegen erreichen können.

Auf der Internetseite *www.nahverkehrswegweiser.de* finden Sie eine grafische Übersicht über alle Verkehrsverbünde in Deutschland.

Die Startseite des „Nahverkehrswegweisers"

Durch einen Klick auf den Text *Grafische Version* und anschließend auf *Deutschland* gelangen Sie zu einer Deutschlandkarte. Diese ist unterteilt nach Bundesländern, und Sie können Ihr eigenes Bundesland auswählen. Dort sehen Sie Ihre Region unterteilt nach den jeweiligen Verkehrsverbünden.

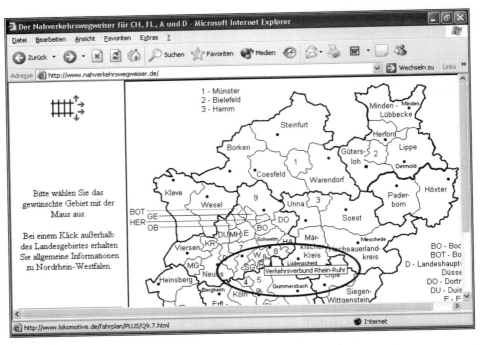

Das Land Nordrhein-Westfalen und seine Verkehrsverbünde

Sie brauchen jetzt nur Ihre Region auszuwählen und kommen zur Beschreibung Ihres zuständigen Verkehrsverbundes. Dort ist auch die Internetadresse hinterlegt, die Sie wiederum zur Fahrplanauskunft für Ihren Bereich bringt. Viele bieten ähnliche Funktionalitäten wie der Münchener Verbund oder wie der in der folgenden Abbildung gezeigte Verkehrsverbund Rhein-Ruhr.

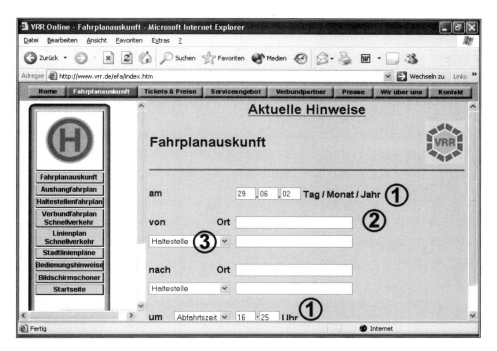

Unter *www.vrr.de/efa/index.htm* finden Sie eine Fahrplanauskunft für den VRR.

1. Unter 1 wird der Abfahrtstag eingegeben. Die Abfahrtszeit können Sie auch bestimmen. Mit dem Auswahlfeld links neben der
    Uhrzeit können Sie sogar von „Abfahrtszeit" auf „Ankunftszeit" umstellen.

2. Fast alle Verkehrsverbünde gehen über eine Stadt hinaus, und
    daher sollten Sie jedes Mal auch die Start- bzw. Zielstadt eingeben. In vielen Fällen erhalten Sie auch eine Verbindung, wenn
    Sie in eine Stadt außerhalb des gewählten Verbundes fahren
    wollen.

3. Der normale Weg ist die Auswahl einer Haltestelle am Startoder Zielpunkt. Nicht immer wissen Sie aber die genaue Haltestelle. Daher können Sie auch in diesem Auswahlfeld umstellen
    auf „Straße mit Hausnummer" oder auf „wichtigen Punkt".
    Dadurch gelangen Sie mit den öffentlichen Verkehrsmitteln
    auch an Orte, von denen Sie nur die Adresse kennen.

Routenplanung mit dem PKW

Sicher kennen Sie das Problem: Sie wollen mit Ihrem Auto irgendwo hinfahren, wo Sie sich nicht so gut auskennen. Daher müssen Sie jetzt die entsprechenden Straßenkarten rausholen und eine Route zusammenstellen. Meist fehlt ausgerechnet die entscheidende Karte, oder deren Aktualität lässt zu wünschen übrig. Die Details am Zielort lassen sich kaum erkennen, und Sie kommen zwar in die Nähe des Ziels aber dann nicht mehr weiter.

Hier hilft Ihnen eine Routenplanung über das Internet weiter. Diverse Anbieter geben Ihnen dazu die Möglichkeit. So bietet der Katalog *www.web.de* auf seiner Homepage neben vielen anderen Diensten auch einen Routenplaner an.

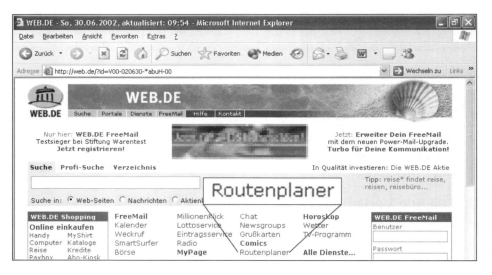

Routenplaner bei *www.web.de*

Diesen Link werden Sie nun nutzen, um eine Reiseroute nach Wien zu planen. Der Startpunkt liegt wie schon bei der Suche nach den Bahnverbindungen in Wuppertal.

Schritt für Schritt – Routenplanung von Wuppertal nach Wien

1 Gehen Sie über die Startseite von *www.web.de* zum Routenplaner. Sie können auch direkt die Adresse *routenplaner.web.de* eingeben. Wenn Sie die Funktion häufig nutzen wollen, legen Sie die Adresse in den Favoriten ab.

2 Geben Sie auf der Routenplanerseite den Start- und den Zielort ein. Als Startort können Sie Ihre eigene Stadt nehmen, und das Ziel ist der übliche Reisewunsch: Wien. Die Taste (Enter) bzw. ⏎ startet die Suche.

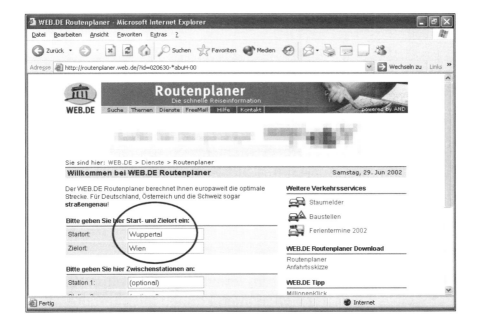

3 Die nächste Seite verlangt von Ihnen noch weitere Informationen. Der Zielort ist noch gar nicht eingetragen, diesen müssen Sie erst im Auswahlfeld aussuchen. Klappen Sie das Feld bei *Zielort* durch einen Klick auf den Pfeil auf.

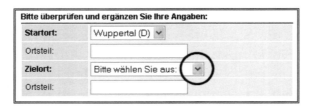

4 In der nun aufgeschlagenen Liste gibt es viele Städte, die den Begriff „Wien" enthalten. Sie suchen Wien als Stadt von Österreich und klicken daher auf *Wien (A)*.

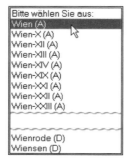

5 Nun fehlen nur die Stadteile für Start- und Zielort. Da Sie für Wuppertal Ihre eigene Stadt eingesetzt haben, geben Sie hier Ihren eigenen Stadtteil ein. In Wien möchten Sie in das Zentrum fahren und geben dieses daher als Ortsteil ein.

6 Der Klick auf *Route berechnen* bringt Sie weiter. Wie an vielen anderen Stellen auch können Sie alternativ die Taste [Enter] bzw. [←] drücken. Dies führt meist zum gleichen Ergebnis.

7 Auf der nächsten Seite müssen Sie noch mal den Ortsteil für Wien bestätigen. Erst durch diesen weiteren Klick kommen Sie zum Ergebnis. Im oberen Teil finden Sie nun eine Übersichtskarte, die Ihnen den Routenverlauf zeigt.

8 Daneben sehen Sie die voraussichtliche Fahrtdauer und die ungefähre Kilometerzahl. Bei Bedarf können Sie auch die weiteren Serviceangebote zum Thema „Verkehr" nutzen.

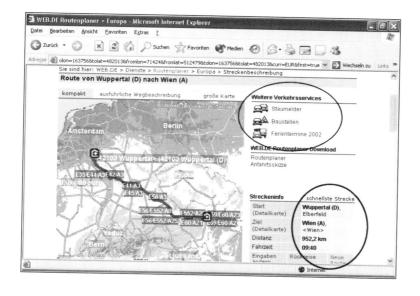

9 Weiter unten auf der Seite finden Sie eine Kurzbe-schreibung der Route in nur wenigen Schritten. Diese dient der Übersicht über die zu fahrende Strecke.

	ORT	BESCHREIBUNG	ENTFERNUNG	ZEIT
1	<42103 Wuppertal> (42103 Wuppertal (D))	Start:	0 m	00:00
2	Kreuz Hilden	nach 16,1 km: Fahren Sie Richtung Köln, Richtung E35/A3	16,1 km	00:10
3	Kreuz Langenfeld	nach 9,5 km: Fahren Sie Richtung Köln, Richtung E35/A3	25,6 km	00:16
4	Kreuz Leverkusen	nach 8,6 km: Fahren Sie Richtung Frankfurt am Main, Richtung E35/A3	34,2 km	00:21
5	Kreuz Köln-Ost	nach 10,6 km: Fahren Sie Richtung Frankfurt am Main, Richtung E35/E40/A3/A4	44,8 km	00:28
6	Dreieck Heumar	nach 4,2 km: Fahren Sie Richtung Frankfurt am Main, Richtung E35/A3	49 km	00:30
7	Kreuz Bonn/Siegburg	nach 23,7 km: Fahren Sie Richtung Frankfurt am Main, Richtung E35/A3	72,7 km	00:44
8	Dreieck Dernbach	nach 56,5 km: Fahren Sie Richtung Frankfurt am Main, Richtung E35/E44/A3	129,2 km	01:18
9	Wiesbadener Kreuz	nach 74,2 km: Fahren Sie Richtung Würzburg, Richtung E35/A3	203,4 km	02:03
10	Mönchhof-Dreieck	nach 8,6 km: Fahren Sie Richtung Würzburg, Richtung E42/A3	212 km	02:08
11	Frankfurter Kreuz	nach 8,8 km: Fahren Sie Richtung Würzburg, Richtung E42/A3	220,8 km	02:13
12	Offenbacher Kreuz	nach 8,8 km: Fahren Sie Richtung Würzburg, Richtung E42/A3	229,6 km	02:19

Streckenbeschreibung drucken — 36 Schritte - Seite: 1

10 Über die beiden Schaltflächen *ausführliche Wegbe-schreibung* und *große Karte* können Sie sich noch wei-tere detaillierte Informationen anzeigen lassen. Der Bildaufbau der Karte dauert einen Moment.

Route von Wuppertal (D) nach Wien (A)

kompakt | ausführliche Wegbeschreibung | große Karte

11 Sie finden auf fast jeder Seite einen Link, der mit *Dru-cken* bezeichnet ist. Dieser führt Sie zu einer besonde-ren Ansicht, die besser für die Druckausgabe geeig-net ist. Hier sehen Sie den Link auf der Seite *große Karte*.

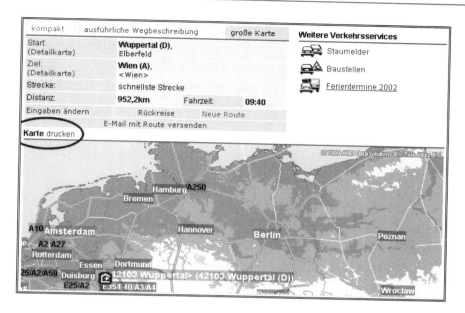

12 Jetzt brauchen Sie nur noch die Schaltfläche *Drucken* anzuklicken und im anschließenden Menü die Einstellungen bestätigen. Hierfür einfach noch mal auf *Drucken* klicken.

```
  Drucken
```

13 So einfach haben Sie die Karte auf Papier gebracht. Dies können Sie auch mit der ausführlichen Wegbeschreibung machen, und Sie haben Ihr Reisepaket fertig.

> Verlassen Sie sich nicht nur auf die gedruckten Karten. Nehmen Sie für die Fahrt auch Umgebungskarten mit, falls Sie durch einen Stau o. Ä. eine andere Strecke fahren müssen.

RAT

14 Damit Sie sich auch in Wien einigermaßen zurechtfinden, brauchen Sie noch eine detailliertere Ansicht.

Hierfür können Sie entweder die Zoomfunktionen zur Vergrößerung nutzen, oder Sie klicken einfach mehrmals in der Karte auf den Zielort.

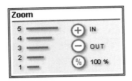

15 Je nach gewählter Zoomstärke sehen Sie anschließend auf der Karte mehr oder weniger Details. Auch diese Karte können Sie sich wieder ausdrucken.

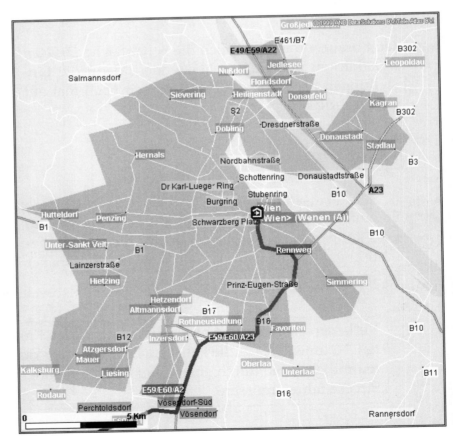

Weitere Karte zu Wien und anderen Städten

Die Detailansicht der Routenplanung ist noch sehr ungenau. Wenn Sie genauere Karten einer Stadt brauchen, dann finden Sie diese meist über die Homepage der jeweiligen Stadt.

Auch auf der Seite der Stadt Wien finden Sie einen Link zum Stadtplan. Dieser vermittelt Ihnen nicht nur eine Übersicht, sondern Sie können gezielt nach Straßen und Hausnummern suchen und sich das Ergebnis als Karte anzeigen lassen.

Ausschnitt des Stadtplans unter *http://www.wien.gv.at/wiengrafik/suche.htm*

Neben den Homepages der einzelnen Städte hilft auch hier wieder die erste Suchmethode: Adressen-Raten! Unter *www.stadtplan.de* finden Sie viele deutschsprachige Städte mit den entsprechenden Karten.

Zur Erinnerung

⇨ Sie müssen gar nicht immer in der Schlange stehen. Eine Zugverbindung bekommen Sie auch über das Internet.

⇨ Bei Bedarf können Sie sich sogar den Fahrschein selbst ausdrucken und dabei noch Geld sparen.

⇨ Das Blättern in den Kursbüchern der heimischen Busgesellschaft entfällt ab sofort: Die neuen Verbindungen mit genauen Anschlüssen zeigt Ihnen Ihr Browser.

⇨ Auch wenn Sie eine Autoreise planen, können Sie jetzt die beste Verbindung im Internet finden.

⇨ Sie haben die Routenplanung per Internet kennen gelernt und hoffentlich auch getestet.

⇨ Verlassen Sie sich nicht allein auf diese Ergebnisse, aber nutzen Sie sie als Ergänzung zu Ihrem vorhandenem Wissen.

⇨ Die Stadtpläne für unbekannte Städte sind im Internet kostenlos, und Sie müssen nicht für jede Stadt neue Karten kaufen.

Einkaufen im Internet

Los geht's

⇨ Jetzt gehen Sie einkaufen und müssen dabei nicht einmal das Haus verlassen.

⇨ Bücher sind ein beliebtes Einkaufsgut im Internet, und die Auswahl ist unschlagbar.

⇨ Jede Bestellung im Internet verläuft ähnlich – Schritt für Schritt erfahren Sie, wie.

⇨ Das Internet birgt Gefahren, aber hier erfahren Sie, wie Sie Risiken vermeiden!

Einführung

Einkaufen über das Internet bietet Ihnen viele Möglichkeiten. Ähnlich wie im Bereich der Informationen gibt es auch beim Shopping (englisch für Einkaufen, sprich: *schopping*) kaum Grenzen. Nahezu alles ist im Internet verfügbar und kann bei dem einen oder anderen Anbieter bestellt werden.

Sie müssen für Ihren Einkauf noch nicht mal vor die Tür gehen. Aber auch hier kann die Vielfalt manchmal verwirrend sein, und es ist nicht immer einfach, den Überblick zu behalten.

Voraussetzungen für das Einkaufen im Netz

Damit Sie überhaupt im Internet einkaufen gehen können, sind einige wenige Voraussetzungen zu erfüllen.

Viele Verkäufer im Internet verlangen von Ihnen eine E-Mail-Adresse. Ihre Bestellung wird in den meisten Fällen per E-Mail bestätigt, und Sie können noch einmal alles kontrollieren. Bei Fehlern können Sie sofort reagieren und müssen nicht auf die Ware warten.

RAT

Viele Anbieter schicken Ihnen nach der Bestellung Angebote und Werbung per E-Mail. Dies kann lästig werden. Legen Sie sich daher für diese Zwecke eine zusätzliche E-Mail-Adresse zu. Sie erhalten eine kostenlose Adresse z.B. von *www.web.de* (vgl. das Buch *Internet und E-Mail erkunden* aus dem SYBEX-Verlag ISBN: 3-8155-4402-5).

Es gibt viele Zahlungswege im Internet. Die Nachnahme ist eine gerne angewandte Methode, und für Sie natürlich frei von zusätzlichen Voraussetzungen. Der Nachteil liegt allerdings in den zusätzlichen Gebühren. Für Erstbesteller ist der Einkauf auf Rechnung häufig nicht möglich. Es bleibt Ihnen die Möglichkeit, per Bankeinzug oder mit der Kreditkarte zu bezahlen. Bei Beachtung einiger Tipps sind dies sichere Zahlungsmittel – unten erfahren Sie mehr dazu!

So finden Sie seriöse Anbieter

Nicht nur bei Ihnen müssen bestimmte Voraussetzungen erfüllt sein, sondern auch beim Anbieter sollte dies der Fall sein. Ein Kriterium für die Seriosität ist der Bekanntheitsgrad der Firma. Viele große Firmen, insbesondere aus dem Versandhandel, bieten auch den Einkauf über das Internet an. Hier sind die großen Anbieter bekannt und können auch über das Internet genutzt werden.

Wenn Sie auf eine Ihnen unbekannte Firma im Internet treffen, dann sollten Sie noch vor dem Einkauf nach dem Impressum schauen. Jeder Anbieter ist verpflichtet, Angaben über seine Firma und seine Adresse zu machen. Einen Verweis auf das Impressum sollten Sie bereits auf der Homepage finden. Fehlen diese Angaben völlig oder sind sie unvollständig, sollten Sie bei diesem Anbieter nichts bestellen.

So finden Sie überhaupt Anbieter

Im folgenden Abschnitt werden Sie eine Seite kennen lernen, die Sie zum Einkaufen oder auch nur zum Informieren über Produkte nutzen können. In den Schritt-für-Schritt-Anleitungen zeigen wir genau, worauf Sie achten müssen und welche Wege Sie nutzen sollten.

Zusätzlich zu den vorgestellten Seiten finden Sie im Anhang weitere Internetseiten zum Shopping. Anhand der Kurzbeschreibung finden Sie den für Sie passenden Anbieter.

Sie haben bereits eine vielfältige Quelle für Shopping-Anbieter kennen gelernt: Die Kataloge bzw. Verzeichnisse führen reichlich Firmen, die Sie zum Einkauf nutzen können. Schon auf der Startseite des Katalogs *www.web.de* finden Sie den Verweis auf den Shopping-Bereich.

Ausschnitt aus der Seite *www.web.de*

Ein Klick auf den Schriftzug *Online einkaufen* bringt Sie sofort auf die Übersichtsseite zum Einkaufen. Hier finden Sie aktuelle Angebote, viele Anbieter und Sie können direkt nach Produkten suchen.

Unter *shopping.web.de* finden Sie ein reichhaltiges Angebot.

Wenn die Ware dann doch nicht gefällt

Sie hatten alles richtig gemacht. Der richtige Anbieter war ausgesucht, der Artikel in den Warenkorb gelegt und die Bestellung abgeschickt. Prompt kam auch einige Tage später die Ware per Post. Nur beim Auspacken kam das böse Erwachen: In der Realität können Produkte schon mal anders aussehen als auf den Internetfotos oder im Katalog.

Aber dank der Bestellung über das Internet ist das überhaupt kein Problem. Natürlich kann das Aussuchen über Bilder nicht immer den realen Einkauf im Geschäft ersetzen, und so kommt es vor, dass die Ware nicht gefällt.

Sie können innerhalb von zwei Wochen nach Erhalt der Warensendung vom Kauf zurücktreten. Bei allen Bestellungen über das Internet oder Telefon haben Sie diese zwei Wochen Rückgaberecht. Hierfür müssen Sie noch nicht mal einen Grund angeben. Sie dürfen das Produkt natürlich nicht so genutzt haben, dass es Gebrauchsspuren aufweist. Auch muss die Versiegelung bei CDs oder anderen Tonträgern noch intakt sein. Zugeschnittene oder speziell angefertigte Ware können Sie nicht zurückgeben. Alle anderen Artikel dürfen Sie ohne Angabe von Gründen zurückschicken, und der Händler muss Ihnen den Preis erstatten. Sollte der Warenwert der zurückgeschickten Ware über 40 Euro liegen, müssen Sie noch nicht mal Porto bezahlen, auch das übernimmt der Händler.

Zusätzlich gilt seit dem 1.1.2002 die auf zwei Jahre erweiterte Garantie auf alle neuen Produkte im Internet genauso wie für Ihre Einkäufe im normalen Geschäft.

RAT

Zahlungsarten und ihre Sicherheit

Die Händler möchten für ihre Leistung und ihre Ware bezahlt werden. Einige Händler bieten nur einen der folgenden Zahlungswege an, anderen die ganze Palette. Sehen Sie selbst, wo die Vor- und Nachteile liegen.

Nachnahme

Der einfachste Zahlungsweg ist der Versand per Nachnahme. Erst wenn Sie das Paket in den Händen halten, müssen Sie dieses beim Paketdienst bezahlen. Der Nachteil liegt einerseits in den zusätzlichen Gebühren, die für die Nachnahme anfallen, andererseits müssen Sie die Ware schon bezahlen, obwohl Sie sie noch gar nicht ausgepackt haben. Wenn Sie jetzt Ware zurückschicken, dann müssen Sie auf das Geld des Händlers warten. Und nicht jeder Händler ist beim Zurückzahlen besonders schnell.

Rechnung

Noch bequemer ist natürlich der Versand auf Rechnung. Leider bieten nur wenige Händler diese Möglichkeit an. Meist müssen Sie schon bekannter Kunde sein, ansonsten werden andere Zahlungswege verlangt. Für Sie ist dies der beste Weg, da Sie die Ware in Ruhe prüfen können. Sie müssen nur die Ware bezahlen, die Sie behalten. Alles andere können Sie zurückschicken.

Bankeinzug oder Kreditkarte

Viele Händler bieten Ihnen auch den Weg über den Bankeinzug bzw. eine Kreditkarte an. Auch dies sind sehr komfortable Zahlungswege. Der Vorteil liegt darin, dass Sie sich nicht selbst um die Rechnung kümmern müssen, Sie müssen diese nur kontrollieren. Sollten Fehler aufgetreten sein, können Sie die Abbuchung von Ihrem Konto bei der Bank wieder rückgängig machen lassen. Dies kostet Sie nichts, und Sie müssen dafür auch keine Gründe angeben. Bei der Bestellung müssen Sie nur Ihre Kontoverbindung bzw. die Kreditkartennummer an den Händler übermitteln.

Gelegentlich hört man von Betrug im Internet, wo solche Daten missbraucht werden und die Konten der Betroffenen geleert worden sind. Dies kann aber nur passieren, wenn jemand an Ihre Daten herankommt.

Wie kommen die Daten zum Händler?

Wichtige Daten werden im Internet verschlüsselt übermittelt. Nur der Absender (also Sie) und der Empfänger (der Händler) können die Daten lesen. Die Verschlüsselung ist bereits in das Programm Internet Explorer eingebaut. Jeder seriöse Anbieter bietet auf seiner Internetseite diese Verschlüsselung beim normalen Bestellvorgang an. Sie erkennen dies dadurch, dass in der Statusleiste des Internet Explorers ein gelbes Schloss erscheint. Dies ist das Zeichen für die sichere Datenübertragung. Sobald Sie anfangen, persönliche Daten einzugeben (und dies beginnt schon bei Ihrer Adresse), sollte das Schloss erscheinen.

Das Schloss-Symbol in der Statusleiste des Internet Explorer

Geben Sie im Internet niemals wichtige persönliche Daten auf anderem Wege als über die verschlüsselte Verbindung weiter. Jeder andere Weg kann abgehört und damit Ihre Daten missbraucht werden. **ACHTUNG**

Bücherkauf

Der Bücherkauf über das Internet bietet viele Vorteile. Dank der Preisbindung für Bücher in Deutschland erhalten Sie jedes reguläre Buch überall zum gleichen Preis, egal in welcher Buchhandlung oder über welche Internetadresse Sie bestellen. Im Internet haben Sie die volle Auswahl, Sie können aus allen lieferbaren Büchern auswählen. Dabei ist es nicht entscheidend, bei welchem Händler Sie kaufen. Fast alle greifen auf die gleichen Daten zurück und liefern Ihnen daher ähnliche Ergebnisse. Sie können also in aller Ruhe und zu jeder Tags- oder Nachtzeit und sogar am Wochenende einkaufen gehen. Die Suche nach konkreten

Büchern, die Ihnen von Freunden empfohlen wurden, oder auch das Stöbern durch bestimmte Themenbereiche ist möglich.

Bei vielen Internet-Buchhändlern ist der Versand der Bücher kostenlos, spätestens wenn Sie einen gewissen Mindesteinkaufspreis erreicht haben. Dadurch werden die Bücher also nicht teurer, obwohl Sie sich diese direkt nach Hause schicken lassen können. Der einzige Nachteil beim Bücherkauf im Internet liegt darin, dass Sie die Bücher nicht in die Hand nehmen und durchblättern können. Aber dank des 14-tägigen Rückgaberechts können Sie ja eventuelle Fehlkäufe wieder zurückschicken.

Wegen dieser Vorteile haben sich schon früh Internetbuchhändler gefunden und die Anbietervielfalt ist groß. Daher werden Sie hier nicht mit den typischen Suchstrategien arbeiten, sondern wir werden Ihnen eine Möglichkeit vorstellen.

Der Unterschied bei den Internethändlern liegt für Sie hauptsächlich in der Form der Auslieferung der bestellten Bücher. Sie haben einerseits die Möglichkeit, die Bücher bei einem Buchhändler Ihrer Wahl abzuholen, andererseits können Sie sich die Bücher per Post nach Hause schicken lassen. Bei der Abholung müssen Sie zwar selbst zum Händler, aber Sie können dies beim gewohnten Einkauf in der Stadt erledigen und wegen der vorausgegangenen Bestellung wissen Sie, dass Ihr gewünschtes Buch für Sie bereitliegt. Sie können zudem selbst bestimmen, wann Sie das Buch abholen. Der Versand nach Hause ist auch sehr bequem. Sie müssen nur zu Hause sein, wenn der Paketbote kommt, sonst müssen Sie sich Ihre Bücher auf dem Postamt abholen.

Schritt für Schritt – Reiseführer Wien mit Lieferung an die eigene Buchhandlung

Ein Anbieter für den Bücherkauf ist die Internetseite *www.libri.de*. Hier können Sie im reichhaltigen Angebot der Bücher suchen und sich diese dann entweder an einen Buchhändler in Ihrer Nähe liefern lassen oder den normalen Postweg benutzen. Gehen Sie nun auf die Suche nach einem Reiseführer für Wien und lassen Sie sich diesen in eine Buchhandlung liefern.

RAT

> Sie können fast alle Schritte mitmachen, ohne dass
> Sie das Buch wirklich kaufen müssen. Nur den letz-
> ten Schritt sollten Sie nicht ausführen, sondern ein-
> fach den Internet Explorer schließen. Dies ist dort
> auch noch mal gesondert vermerkt.

1 Rufen Sie die Internetadresse *www.libri.de* im Internet
Explorer auf. In der mittleren Spalte finden Sie aktuelle Bücher, die Ihnen von der Redaktion der Internetseite vorgestellt werden.

2 Im linken Bereich finden Sie unter anderem eine
weiße Textzeile für die Schnellsuche. Hier können Sie
mit der Maus reinklicken, den bestehenden Text
löschen und das Stichwort „Wien" eingeben.

3 Nach dem Druck auf die Taste (Enter) bzw. (↵) führt
libri die Suche aus und zeigt Ihnen in der linken
Spalte die Ergebnisse an. Das Suchwort „Wien" ist
aber viel zu allgemein, und Sie erhalten eine Trefferzahl von über 500.

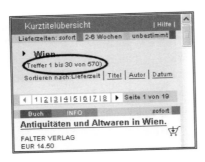

4 Auch bei der Suche nach Büchern mit den Suchfunktionen der Seitenanbieter müssen Sie Ihre Suchwörter gut auswählen, damit die Trefferanzahl und der Inhalt Ihren Wünschen entsprechen.

5 Im nächsten Versuch testen Sie die Suchwörter „Wien" und „Reiseführer". Gehen Sie mit der *Zurück*-Schaltfläche wieder auf die Ursprungsseite und ergänzen Sie „Wien" mit dem Suchwort „Reiseführer". Starten Sie die Suche erneut.

6 Die Trefferzahl ist nun wesentlich geringer. Die Bild-laufleiste führt Sie zu allen Ergebnissen. Die Ergeb-nisse finden Sie erst einmal nur in Kurzform, die Details sehen Sie nach dem Klick auf den Buchtitel.

> Wenn Sie die Suche selbst durchführen, können Sie andere Treffer erhalten als auf den Abbildungen zu sehen. Seit der Drucklegung dieses Buchs sind evtl. neue Reiseführer zu Wien erschienen oder andere aus dem Programm genommen worden.

RAT

7 Bitte wählen Sie aus der Trefferliste ein Buch für die Detailansicht aus. Hierfür müssen Sie nur den Buchti-tel anklicken und kommen anschließend zur Artikel-ansicht.

8 Angenommen, dieses Buch gefällt Ihnen und Sie wol-len es in Ihren Einkaufskorb legen. Hierfür müssen Sie nur die Schaltfläche *In den Warenkorb* anklicken. Sie haben das Buch noch nicht gekauft, Sie können es jederzeit wieder aus dem Korb herausnehmen.

9 Es gilt beim Einkauf im Internet das gleiche Prinzip wie beim Einkauf im Geschäft. Sie wandern durch die Angebote und legen sich interessante Ware in den Einkaufskorb. Sie sammeln also erst einmal alle Waren, die Sie kaufen möchten.

10 Bevor Sie zur Kasse gehen, kontrollieren Sie noch mal den Einkaufskorb. Möchten Sie wirklich alle Artikel bestellen? Evtl. nehmen Sie noch den einen oder anderen aus dem Korb.

11 Im vorliegenden Beispiel weist Sie der Anbieter mit einem gesonderten Fenster darauf hin, dass Sie einen Artikel in Ihren Einkaufs- oder Warenkorb gelegt haben. Dieses Fenster können Sie mit einem Klick auf *Fenster schließen* beenden.

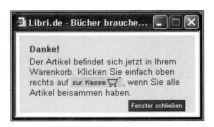

12 Wie im normalen Buchladen können Sie nun zur Kasse gehen. Dafür gibt es auf der großen Seite das gelbe Symbol *zur Kasse* (einen Einkaufswagen), welches Sie bitte auswählen.

13 Nun sehen Sie noch einmal in Ihren Warenkorb. Bei Bedarf können Sie einzelne Bücher herausnehmen, d.h. löschen. Wenn Sie mehr als ein Exemplar benötigen, können Sie die Anzahl entsprechend erhöhen.

14 Die Internetseite führt Sie nun durch die nächsten Schritte bis zur endgültigen Bestellung. Sie brauchen nur auf das Schloss zu klicken und kommen zum nächsten Schritt.

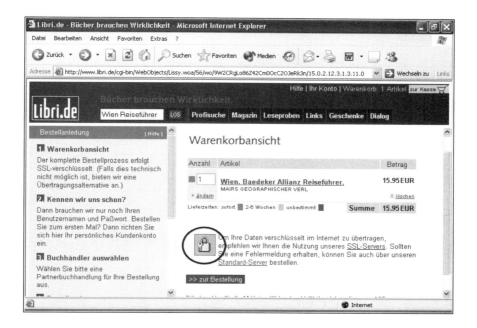

15 Alle Daten, die Sie nun eingeben, sollen nur von Ihnen und dem Anbieter eingesehen werden können. Daher werden alle Datenübertragungen ab diesem Moment verschlüsselt. Sie erkennen dies an dem Sicherheitshinweis.

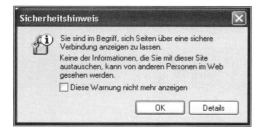

16 Sollten Sie diesen Hinweis nicht bekommen, dann ist dieser bei Ihnen bereits ausgeschaltet. Wichtig ist nur der nächste Schritt. Im anderen Fall klicken Sie auf *OK*.

17 Kontrollieren Sie auf jeden Fall die Verschlüsselung. Im Internet Explorer muss in der untersten Zeile im rechten Drittel ein gelbes Schloss zu sehen sein.

Wenn Sie kein Schloss sehen, dann brechen Sie den Vorgang hier ab und beginnen von vorne.

RAT

18 Nun wird Ihr Kundenstatus abgefragt. Sie sind ein neuer Kunde und müssen *Ich bin neu hier* auswählen. Genauso müssen Sie die Allgemeinen Geschäftsbedingungen durch Anhaken akzeptieren. Erst dann können Sie die Bestellung fortsetzen.

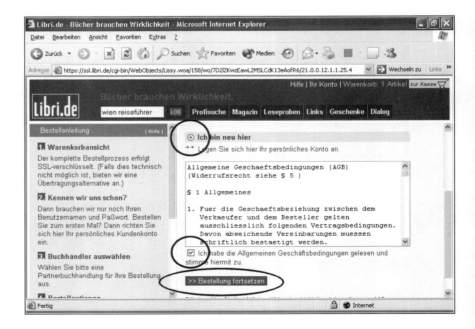

19 Nun müssen Sie Ihre Rechnungsadresse und andere Daten eintragen. Sie müssen nicht in jedes Feld etwas eintragen, sondern nur in die Felder, die mit einem * markiert sind.

20 Sie müssen zusätzlich weiter unten auf der Seite Ihre E-Mail-Adresse eingeben. An diese Adresse erhalten Sie später Ihre Bestätigung der Bestellung.

21 In Verbindung mit einem neuen, selbst gewählten Passwort, welches Sie auch eingeben müssen, können Sie die E-Mail-Adresse für die nächste Bestellung nutzen. Nach der Eingabe aller Daten bitte auf *Bestellung fortsetzen* klicken.

22 Die Eingaben sind in den Abbildungen unkenntlich gemacht. Die Eingabe des Passworts ist wie überall unter Windows automatisch unsichtbar, es erscheinen nur Sternchen bzw. Punkte.

23 Gleich haben Sie es geschafft! Anhand Ihrer PLZ werden Ihnen nun Buchhändler in Ihrer Nähe vorgeschlagen. Es sind nur die Händler vertreten, die sich an diesem System beteiligen. Wählen Sie einen Händler aus der Liste durch Anklicken aus.

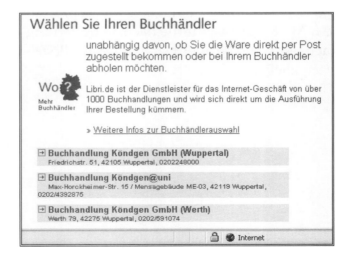

24 Nun gilt es noch, den Versandweg einzustellen. Sie können zwischen dem Versand nach Hause und den dazugehörigen verschiedenen Zahlungsmöglichkeiten oder der Abholung beim eben ausgewählten Buchhändler wählen.

25 Sie wollen das Buch beim Händler abholen. Wählen Sie daher die Selbstabholung aus. Klicken Sie einfach auf den Schriftzug *Selbstabholung*. Anschließend klicken Sie auf >>*Bestellung fortsetzen*.

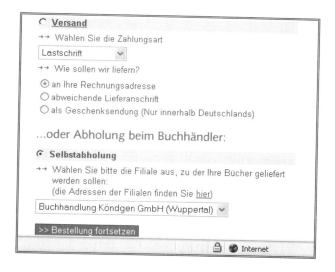

26 Im letzten Schritt der Bestellung sehen Sie nun die Zusammenfassung aller Daten. Ihr Buch und ebenso alle Daten des Kunden sind aufgeführt. Erst hier können Sie die Bestellung abschließen.

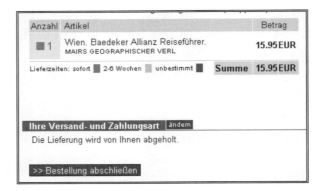

Benutzen Sie *nicht* die Schaltfläche >> *Bestellung abschließen*. Nutzen Sie diese nur, wenn Sie das Buch wirklich kaufen und abholen wollen.

27 Bei einer richtigen Bestellung würden Sie jetzt noch die Bestellung abschließen. Anschließend erscheint das Bestätigungsfenster von Libri. Sie werden per E-Mail über den Stand der Bestellung informiert.

28 Sie bekommen auch eine Nachricht, wenn das Buch für Sie zur Abholung bereitliegt. In den nächsten Tagen könnten Sie Ihr Buch dann beim ausgewählten Buchhändler abholen.

29 Für Sie ist die Bestellung aber hier schon vorbei, da Sie wahrscheinlich doch nicht nach Wien fahren wollen. Schließen Sie daher einfach den Internet Explorer.

Zur Erinnerung

⇨ Den Reiseführer haben Sie wahrscheinlich nicht bestellt, aber probieren Sie es einmal bei Ihrem nächsten Bücherkauf.

⇨ Sie müssen keinen Einkaufswagen vor sich herschieben. Einen Warenkorb gibt es bei nahezu jedem Online-Einkauf.

⇨ Welchen Zahlungsweg Sie nutzen, liegt bei Ihnen und den Möglichkeiten des Anbieters.

⇨ Mit der verschlüsselten Verbindung sind Sie auf der sicheren Seite.

Kann mein Computer das auch?

Los geht's

➯ Hier erfahren Sie, welche Geräte Sie brauchen, um die Beispiele in diesem Buch selbst ausprobieren zu können.

➯ Außerdem lesen Sie, über welche Software Ihr Computer verfügen sollte, ...

➯ ... und welche zusätzlichen Voraussetzungen gegeben sein müssen.

Die Firma, die Sie mit dem Internet verbindet

Das Internet und alle seine Dienste sind in den meisten Fällen noch kostenlos. Um überhaupt die Funktionen des Internets nutzen zu können, brauchen Sie aber eine Firma, die Ihren Computer mit dem Internet verbindet. Dieser Provider (sprich: *prowaider*) ermöglicht Ihnen die Internetnutzung und stellt Ihnen daher auch Gebühren in Rechnung. Die Kosten liegen zurzeit bei ca. 1,5 Cent pro Minute. Bekannte und große Provider sind zum Beispiel T-Online und die amerikanische Firma AOL (America Online). Daneben gibt es auch viele kleinere oder lokale Anbieter, die häufig günstig sind.

Für die Beispiele und Projekte in diesem Buch können Sie alle Provider nutzen, die zurzeit am Markt sind. Bei T-Online wird Ihr Internetprogramm, der Internet Explorer, ein wenig anders aussehen, da dieser speziell angepasst wurde. Das schränkt die Nutzung aber nicht weiter ein. Als Nutzer von AOL müssen Sie immer zuerst die Verbindung zu AOL über das passende Programm starten und können dann anschließend auch den Internet Explorer verwenden. Benutzen Sie nicht den eingebauten Browser (siehe unten) von AOL, er schränkt Sie in den Möglichkeiten zu sehr ein.

Programme

Ihr Rechner verfügt über ein Betriebssystem, welches die Arbeit mit dem Gerät erst ermöglicht. Dieses liefert die bunten Bilder beim Start und erlaubt Ihnen die Bedienung mit der Maus und der Tastatur. Beim Einschalten des Rechners erhalten Sie kurz eine Anzeige, die Ihnen Ihre Programmversion anzeigt. Sie sollten mindestens die Version 95 besitzen. Neuere Rechner haben bereits eine der folgenden Versionen:

⇨ Windows 98

⇨ Windows ME

⇨ Windows XP

Sollten Sie noch die ganz alte Version 3.11 auf Ihrem Rechner haben, dann sehen die Abbildungen ganz anders aus, und viele Beispiele sind mit Ihrem Rechner nicht nachvollziehbar.

Logo des neuesten Betriebssystems Windows XP

Wie für jede Aufgabe, die Sie am Computer erledigen möchten, benötigen Sie auch für das Internet bestimmte Programme. Diese nennen sich Browser (sprich: *brauser*). Auf jedem Windows-Computer ist bereits das Programm der Firma Microsoft vorhanden: der Internet Explorer. Meist sehen Sie das Logo bereits auf dem Desktop, d. h. auf Ihrem Windowsbildschirm nach dem Start.

Logo des Internet Explorers

Sollten Sie das Symbol nicht auf dem Desktop entdecken, werden Sie es spätestens im *Start*-Menü finden. In der folgenden Abbildung sehen Sie das Startmenü der neusten Windowsversion. In den älteren Versionen versteckt sich der Internet Explorer im *Start*-Menü unter *Programme*.

Start-Menü unter Windows XP

Weil der Internet Explorer im Betriebssystem Windows enthalten ist, ist er das am meisten benutzte Programm für das Surfen im WWW. Daher werden Sie die Beispiele in diesem Buch auch immer mit diesem Programm sehen.

RAT

Sie sollten sich nicht irritieren lassen, wenn bei Ihnen der Internet Explorer oder andere Bilder nicht genau so aussehen wie in den gedruckten Abbildungen. Sie haben dann andere Versionen oder Einstellungen. Dies beeinträchtigt in keiner Weise die Nutzung des Internets.

Alternativ zum Internet Explorer gibt es noch den Browser des früheren Marktführers Netscape. Dieser nennt sich Netscape Communicator (sprich: *netskeip kommjunikeiter*) und ist zurzeit in der Version 6.2 kostenlos im Internet erhältlich.

Logo des Netscape Communicators

Dieses Programm hat eine ähnliche Funktionalität wie der Internet Explorer. Sollte der Netscape Communicator auf Ihrem Rechner sein, können Sie ihn auch benutzen. Die eigentliche Internetseite sieht in diesem Programm genauso aus wie im Internet Explorer, nur die Menüs und Symbolleisten des Programms sind ein wenig anders.

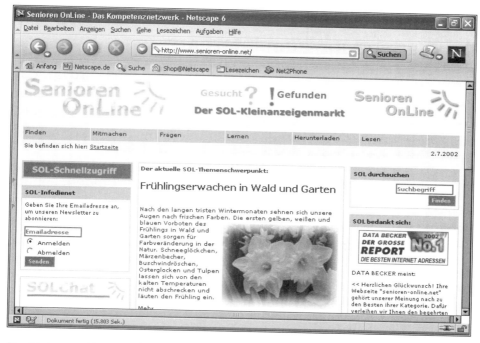

Der Netscape Communicator mit der Internetseite *www.senioren-online.de* ...

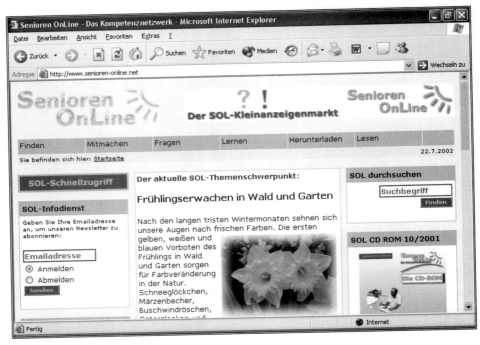

...und zum Vergleich dieselbe Internetseite im Internet Explorer.

Ihre Verbindung zum Internet

Die meisten Nutzer wählen per Telefonleitung ihren Provider an und lassen sich von diesem mit dem Internet verbinden. Für die weniger häufige Nutzung reicht ein „normaler" Telefonanschluss aus. Dieser bietet Ihnen nur eine Telefonleitung, daher können Sie nicht zeitgleich im Internet arbeiten und telefonieren.

Um Ihren Computer mit der Telefonleitung zu verbinden, benötigen Sie ein Modem. Dieses ist in modernen Rechnern bereits eingebaut, es kann aber auch nachträglich gekauft werden. Diese Form der Internetanbindung reicht für die gelegentliche Nutzung völlig aus. Sie müssen allerdings etwas länger auf einzelne Internetseiten warten, da die Übertragung der Daten mehr Zeit benötigt.

Wenn Sie einen ISDN-Anschluss besitzen, verfügen Sie über zwei Telefonleitungen. Daher können Sie gleichzeitig surfen und telefonieren. Mit der entsprechenden ISDN-Karte haben Sie eine schnellere und stabilere Verbindung ins Internet. Diese Verbindungsart lohnt sich erst, wenn Sie häufiger im Internet unterwegs sind bzw. gleichzeitig andere Personen die Telefonleitung nutzen wollen.

Die schnellste, aber auch teuerste Alternative für den Internetzugang ist ein so genannter ADSL-Anschluss. Ein solch schneller Zugang wird z. B. von der Telekom unter dem Namen T-DSL stark beworben. Er rechnet sich aber nur für den Internetnutzer, der große Datenmengen aus dem WWW laden will. Für die normale Nutzung lohnt er sich nicht.

Zur Erinnerung

⇨ Sie wissen jetzt, ob Ihr Computer internetfähig ist.

⇨ Ihre Windows-Version sollte entweder 95/98 oder neuer sein.

⇨ Der Computer ist per Modem oder ISDN an die Telefonleitung angeschlossen.

⇨ Der Suche im Internet steht nichts mehr Wege.

Glossar

Banner

(englisch für Fahne, meist deutsch gesprochen) bezeichnet die meist rechteckige Werbefläche für eine Firma oder ein Produkt auf einer Internetseite. Durch Anklicken des Banners gelangen Sie auf die Seite des Werbenden. Banner dienen der Finanzierung vieler Internetseiten, da Sie als Nutzer keine Gebühren zahlen müssen.

Browser

(von englisch to browse für blättern, stöbern, sprich: *brauser*) ist das Programm, mit dem Sie sich Internetseiten ansehen. Meist wird heute der Internet Explorer der Firma Microsoft verwendet, da dieser bereits mit dem Betriebssystem Windows auf Ihrem Rechner aufgespielt ist. Sie können aber auch andere Browser wie den „Netscape Communicator" der Firma Netscape benutzen.

DSL

(digital subscriber line, englisch für digitale Abonnenten-Verbindung) steht für die neueste und schnellste Technik des Internetzugangs. DSL erfordert zusätzliche Geräte und – bisher – einen wirklichen Fachmann zur Installation. Die von der Deutschen Telekom angebotenen Version T-DSL ist 12-mal so schnell wie ISDN.

E-Mail

(sprich: *ihmäil*) steht als Abkürzung für „electronic mail" (englisch für „elektronische Post") und ist einer der Dienste des Internets neben dem WWW. Mittels der elektronischen Post können Sie sehr schnell und preiswert Nachrichten verschicken und empfangen. Hierfür ist eine E-Mail-Adresse Bedingung, die Sie entweder von Ihrem Internetprovider oder von einem freien Anbieter wie z.B. web.de bekommen. Für die Nutzung der E-Mail-Adresse benötigen Sie ein spezielles E-Mail-Programm. Zum Lieferumfang von Windows gehört bereits das Programm Outlook Express.

Favoriten

sind elektronische Lesezeichen für Internetadressen. Im Internet Explorer gibt es eine eingebaute Funktion, um diese zu verwalten.

Homepage

(englisch für Zuhause-Seite, sprich: *houmpäidsch*) ist die Ausgangs-seite des Internetauftritts einer Firma oder Institution. Von dort wird zu den weiteren Seiten verzweigt. Die Homepage des Verla-ges erreichen Sie über *www.sybex.de*. Von hier aus können Sie sich die verschiedenen Bücher anschauen, die auf unterschiedlichen Seiten beschrieben werden.

ISDN

(integrated sevices digital network, englisch für Netz mit darin enthaltenen digitalen Diensten – wir ersparen Ihnen und uns die Aussprache dieses Wort-Ungetüms) bezeichnet eine modernere Art von Telefon-Netz, bei dem die Gespräche von einem Compu-ter umgesetzt und dann übertragen werden. Ein Anschluss an das Internet per ISDN erfordert auch ein Zusatzgerät, bietet gegenü-ber dem Modem aber den Vorteil der höheren Geschwindigkeit und der stabileren Verbindung.

Katalog

ist die Bezeichnung für ein Verzeichnis von Internetseiten. Dieses wird von Redakteuren gepflegt und ist eine wichtige Methode des Suchens. Die Begriffe „Katalog" und „Verzeichnis" können syno-nym verwandt werden.

Länderkennung

ist der letzte Teil einer Internetadresse und gibt die Zugehörigkeit der Seite zu bestimmten Gruppen an. Die Kennung „de" steht für deutsche Seiten, weitere sind im Kapitel 2: *Warum suchen und nicht raten?* aufgeführt.

Link oder Hyperlink

(englisch für Querverweis, sprich: *heiperlink*) bezeichnet einen Verweis von einer Internetseite auf eine andere. Durch Anklicken eines Links wird automatisch die neue Internetseite geöffnet. Sie müssen nicht extra die neue Adresse eingeben. Dadurch reicht es häufig, auf einer Seite zu beginnen, und schon können Sie von Seite zu Seite surfen. Sie erkennen einen Link am veränderten Mauszeiger, der zu einer Hand wird.

Metasuchmaschine

durchsuchen für Sie automatisch mehrere Suchmaschinen und sortieren die gefundenen Treffer neu.

Modem

bezeichnet das Gerät, das den Computer mit dem Telefonnetz verbindet und so die Verbindung zum Internet technisch erst möglich macht. Das Modem wandelt die Daten des sendenden Computers in Töne um, die per Telefon übertragen werden. Auf der Seite des empfangenden Computers werden die Daten zurückverwandelt von Tönen in Computerdaten.

Multimedia

(von lateinisch „multi" für viel und „medium" für Vermittler) wird benutzt als Bezeichnung für Darstellungen, die über reinen Text oder stehende Bilder hinausgehen. Je schneller die Computer und die Verbindungen ins Internet werden, umso leichter wird es, bewegte Bilder und Töne über eine Internetseite zu verschicken bzw. zu empfangen (erschrecken Sie daher nicht, wenn plötzlich eine Homepage mit Ihnen „spricht" oder Ihnen etwas „vorsingt").

Online

(englisch für verbunden, sprich: *onnlain*) bezeichnet den Zustand Ihres Computers, wenn eine Verbindung zum Internet besteht. Auch wenn der Browser nicht oder nicht mehr als Programm gestartet ist, kann Ihr Rechner weiter online sein. Dadurch entstehen dann weiterhin die üblichen Kosten. Wenn keine Verbindung zum Internet besteht, nennt sich dies offline (englisch für ohne Verbindung, sprich: *offlain*).

Provider

(sprich: *prowaider*) ist eine Firma, die Ihren Computer mit dem Internet verbindet. Diese Firma ist die einzige, die für Ihre Internetnutzung Gebühren von Ihnen erhält.

Shopping oder Online-Shopping

(englisch für Einkaufen, sprich: *schopping*) bezeichnet das Bestellen von Waren über das Internet. Ein Beispiel dafür finden Sie in diesem Buch.

Startseite

ist die Seite, die beim Aufruf des Internetbrowsers automatisch geladen wird. Viele Provider sorgen dafür, dass bei der Installation Ihrer Zugangs-Software ihre Homepage als Startseite eingestellt wird. Im Kapitel 6: *Besuchte Seiten wieder finden* wird erklärt, wie Sie diese Einstellung verändern können.

Stichwort

ist ein Begriff, den Sie in einen Katalog oder eine Suchmaschine eingeben. Dieser Begriff soll das Thema, das Sie suchen, möglichst genau beschreiben. Meist werden bei der Suche direkt mehrere Wörter verwendet.

Suchmaschine

bezeichnet eine Internetseite, mit deren Hilfe Sie eine Datenbank nach anderen Seiten durchsuchen können. Suchmaschinen gehören zu den wichtigen Suchstrategien und werden in diesem Buch vertreten durch *www.google.de*.

Suchwort

siehe Stichwort

Surfen

(von englisch surf, die Brandung bzw. surf riding, Wellenreiten, sprich: *ßörfen*) ist die inzwischen auch im Deutschen übliche umgangssprachliche Bezeichnung für die Nutzung des WWW. Die Vielfalt und die reichhaltigen Möglichkeiten verleiten viele Nutzer, von einer Seite zur nächsten zu springen und sich wie beim Surfen von einer Stelle zur nächsten treiben zu lassen.

Top Level Domain

(englisch für einen Bereich auf höchster Ebene, sprich: *topp lewl domäin*) bezeichnet den höchsten Gliederungspunkt einer Webadresse, der im letzten Bestandteil des Domainnamens zum Ausdruck kommt (z. B. „de"). *Siehe* Länderkennung

Verlauf

nennt sich die Liste der von Ihnen besuchten Internetseiten im Internet Explorer. Hier können Sie besuchte Seiten nachschlagen, wenn Sie diese noch mal besuchen wollen.

Verzeichnis

siehe Katalog

WWW oder world wide web

(englisch für weltweites Netz, sprich: *wörld weid web*) bezeichnet das, was die meisten Menschen unter Internet verstehen, ist aber nur ein – wenn auch der meistgenutzte – Teil des Internets. Die Informationen im WWW lassen sich nur in einem Browser wie dem Internet Explorer darstellen. Das komplette vorliegende Buch beschäftigt sich ausschließlich mit dem Suchen und Finden von Informationen im WWW.

Weitere Links in die Welt des World Wide Web

Hier finden Sie noch einmal viele Links aus den verschiedenen Kapiteln. Zusätzlich sind weitere Links aufgeführt, die Ihnen das Internet noch schmackhafter machen sollen.

Kataloge/Verzeichnisse

www.web.de	Deutscher Katalog mit vielen Zusatzdiensten wie E-Mail, Routenplaner, …
www.dino-online.de	Deutscher Katalog mit regionalen Informationen
www.yahoo.de	Internationaler Katalog

Suchmaschinen

www.google.de	Zurzeit beste Suchmaschine für die meisten Anfragen, international ausgerichtet, bietet aber sehr gute deutsche Treffer
www.altavista.de	Internationale Suchmaschine, einer der Klassiker auf diesem Gebiet
www.fireball.de	Deutsche Suchmaschine mit gutem deutschen Index
search.msn.de	Suchmaschine der Firma Microsoft; sie wird automatisch benutzt, wenn Sie die Funktion *Suchen* im Internet Explorer auswählen
www.nettz.de	Metasuchmaschine mit einfacher Oberfläche
www.metager.de	Deutsche Metasuchmaschine

Einkaufen

www.libri.de	Versandbuchhändler; Sie können sich die Bücher nach Hause schicken lassen oder in einer Buchhandlung nach Wahl selbst abholen
www.buchsv.de	Stern-Verlag – diese Buchhandlung liefert derzeit (Stand Juli 2002) noch versandkostenfrei über das Internet, ohne dass Sie dazu einen Bestellwert überschreiten müssten
www.amazon.de	Großer internationaler Buchhändler, der auch CDs verkauft

Routenplanung/Fahrpläne

routenplaner.web.de	Neben vielen anderen Funktionen finden Sie hier auch einen Routenplaner
www.map24.de	Routenplaner mit guter Kartendarstellung
www.bahn.de	Fahrplanauskunft der deutschen Bahn
www.nahverkehrswegweiser.de	Findet alle deutschen Verkehrsverbünde

Hilfen zum Suchen

www.suchfibel.de	Sehr ausführliche Erklärungen der Suchstrategien mit weiterführenden Tipps
www.klug-suchen.de	Liste vieler Suchmaschinen, auch für spezielle Themengebiete

Weitere Adressen

www.senioren-online.net	Seniorenportal mit aktuellen Nachrichten und vielen Informationen rund um das Internet. Suchmöglichkeit für Schulungsanbieter
www.spiegel.de	Tagesaktuelle Nachrichten zu verschiedenen Themenbereichen
www.ralf-deguenther.de	Informationen zum Autor
www.online-favoriten.de	Linksammlung

Stichwortverzeichnis